JN239450

渦《うず》婚《こん》

夫の浮気で、なぜ幸せになれたのか？

黒木いづみ

みらい PUBLISHING

はじめに

「サレ妻」（浮気をされてる妻）

この言葉を聞いて何を思い浮かべますか？

不幸な結婚生活？

我慢ばかりの人生？

離婚できない弱い女性？

浮気とは、簡単には受け入れがたい「心の殺人」とも呼ばれています。私は産後1か月で、浮気の証拠を発見しました。出会って4か月で別れ話を切り出した私に、「好きすぎてムリ。今すぐ結婚しよう。子供を作ろう」そう懇願した当時の彼（現旦那）。


ありがたいことに、一発で妊娠したのです。多嚢胞性卵巣でたまにしか排卵されていない私にとって、奇跡としか思えませんでした。ご縁があるとこんなにとんとん拍子なのだと、信じて疑いませんでした。

しかし、喜びも束の間、彼は気が変わり「やっぱり結婚はしない。子供もいらない」「俺に愛されようとは思うな」と言い放ちます。

この本は、愛されるテクニックとかセカンドバージンの解消を目的とするものではなく、浮気なんて絶対に許せないと思っていた普通のアラフォーが、家族を築こうとどん底でもがき「感情の冒険」を繰り返した結果、心から幸せを感じる毎日を手に入れるまでの変化を綴っています。

心理学も成功哲学も全く知らなかったサレ妻が、本を出版するに至るまでの珍道中ならぬ珍結婚の軌跡を記した、いわば「サレ妻応援書」です。

私は子供の頃から、「いつか子供が欲しい」という夢を持ち続けてきました。姉と弟の仲良し3人兄弟で育ってきたからこその夢でした。

両親は喧嘩はするけれど仲良しで、小さな頃は5人でお風呂に入り、私たち子供が大きくなっても両親2人で毎日お風呂に入るような家庭で育ったのです。

「中の中」としか表現できないほど、母も家計を支えるために働く普通の共働きのサラリーマン家庭でしたが、小さな頃から私だけがなぜか異色の存在でした。姉と弟は親の価値観で生きられるのに、私はそこに違和感を感じてしまうのです。どんな一家もなぜか1人、良くも悪くも異色の存在っていませんか?

私は常に「変わってる」と言われながらも、「普通」に疑問を感じながら自分本来の価値観を追い求め、「常識」が違う世界へ足を踏み込んできました。

例えば、
・最初の夫を日本に残しカナダで1年住む。
・離婚旅行に行き、円満離婚をする。
・ワーキングホリデー3ヶ国(それぞれ1年)。

どれも「普通」ベースの私の家族にとっては、違和感ありまくりの選択です。

もちろん私自身にとっても、「感情の冒険」としての一歩を踏み出すことばかりです。

そして二度目の結婚では、結婚自体が崩壊状態のスタートを切り、浮気で傷つかない感覚を手に入れる冒険となったのです。ありがたいことに、私との出会いから旦那のビジネスはみるみる加速しどんどん稼ぐようになり、お金には困りませんでした。

感情の冒険を繰り返し、誰もがなぜその道を選ぶのかと心配し見守る中で、生き方や概念を変える体験をしていったのです。

私の「現状を幸せに変えるステップ」は次の通りです。（第5・6章）

①感謝で生きる世界を変える
②なりたい自分を選ぶ
③愛を選ぶと決める
④制限を外し自由になる

4つのステップを螺旋階段を登るように上がっていきます。

本書では「幸せ」をゴールに見立て、幸せな結婚の概念を広げていきます。

具体的に苦しい時にしたことや失敗談、時間とお金を費やして学んだことやオススメの方法など、私が実践してきたことをできる限り詳しくお伝えします。

この本は、女の人生ってこんなものかな……と何となく幸せに疑問を感じているすべての女性に向けて書きました。

こんな本まで出して、〝ものすごく夫に愛されてる妻〟として幸せアピールのように思われそうですが、実はそうではありません。旦那は今も浮気をしますし、月に数回だけ帰宅する生活は続いています。それでも心から幸せだと断言出来るようになるまでには、たくさんの苦しみや怒り・悲しみがありました。それも、かなり深刻に苦しみました。絶望のあまり、自殺未遂を犯し、精神病棟へ保護入院するほどにです。

そんな私がどうして「幸せ」と断言でき、彼を愛し、本まで出すことができたのか？　夫婦のたくさんの失敗と成功の物語と合わせて楽しんでいただければ幸いです。幸せな結婚生活を送るのに必要なのは、〝自分らしく生きる〟こと。そして思いやる心さえ忘れなければ、傷つけ合う離婚も可哀想な子供も必ず減る。不要な離婚はなくなると私は思っています。

産後うつ、専業主婦、自殺未遂をしてしまったサレ妻の私が幸せを断言できるのだから、みなさんはもっと幸せになれるはずです。

本書が、１人でも多くの女性が人生の幸せへと踏み出すきっかけになりますように。

黒木いづみ

渦婚 ～夫の浮気で、なぜ幸せになれたのか？～ 目次

第2章

浮気

第3章

絶望の果てに見えた世界

第4章 愛されたい男たち

第5章
すべての奇跡は日常の中にある

第6章
浮気されても幸せになる方法
危機的状況の対応法

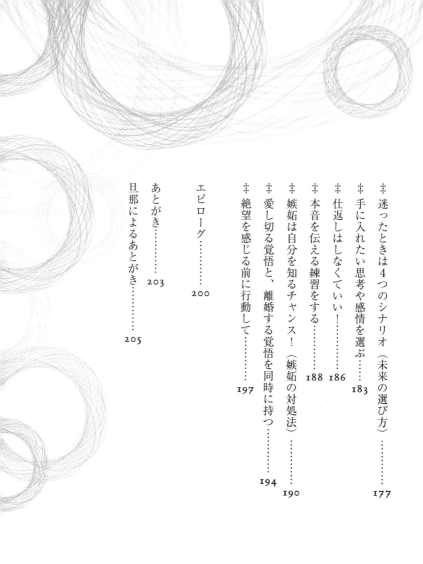

プロローグ

私を「この結婚」に導いた原体験

本書では、浮気されても幸せになるために実践してきた経緯をお伝えしていくのですが、本編に入る前に、少し私自身のことをお話しさせてください。

というのも、私は最初から浮気されてもいいとか、経済力がある男性なら浮気くらいするだろう、などと思っていた人間ではありません。そんな私が偉そうに冒頭から浮気されても幸せになる方法を語るのは、ちょっと違う気がするのです。

私がこうして夢を叶え、幸せを感じる日々を過ごすまでには、大きな挫折がありました。天職に恵まれワリと幸せだった私が彼と出会いどん底を体験し、本当の幸せとは何かを探し出すまで。そんな物語に、しばしお付き合いいただければと思います。

まずは、どうして「この結婚を続けよう」と思うようになったのか？　妊娠しにくい身体だったことは、「はじめに」でも触れました。一度目の結婚では23歳という若さにも関わらず12週で自然流産し、30代前半には元彼と1年間子作りに励んでも妊娠しませんでした。おかげで、妊娠が当たり前ではないことも、妊娠しても生まれるワケではないことも経験していたのです。

「変わった人が好み」の私はなかなか恋愛関係には発展しないし、35歳の当時、すでに出会いの場も激減していました。

そんな中、『ご縁つなぎにお風呂掃除がいい』というお話を聞いたのです。それも、お風呂を掃除したあと、バスタブも壁もタオルで拭く、というものでした。

毎日そのお風呂掃除を「ご縁♡ご縁♡」と張り切ってやっていました。すると不思議なもので、はじめは「良いご縁を期待する」というものでしたが、気がつくと「このお風呂掃除をしているのだから、すべてのご縁は私にとって良いご縁のはず」というなんとも前向きな、それでいて結果を手放すような感覚になっていたのです。そうして出会ったのが彼だったのです。この前提は、この結婚生活を続ける上で大きな力となりました。

それから、もう1つ、私を今の幸せに導いてくれたものがあります。
「離婚せずとも良いのではないか。意地の悪い男ではない。」
これは、和歌山のある霊能者さんの言葉です。

劇薬を求めてしまう中、私はこのご縁に対して否定も肯定もない、まろやかな方向性の言葉をすなおに信じました。きっと彼を「良い人」にするも「悪い人」にするも、私次第に違いない。逆に愛するのを諦めてしまうと、より苦労が待ってるのかも…と受け取ります。こうして「彼は私に最適な、魂磨きのパートナー」だと、思い込むようになります。

仲良しの魂だからこそ「憎まれ役」をお願いして生まれてくると聞いたことがあったので、ここまで嫌いになった彼を愛することこそ今生の課題と思えたのかも知れません。

私には彼を愛せる！
いつしか、そんな根拠のない自信を持つようになっていったのです。

偽物の幸せへの違和感——最初の結婚について

何となく自分のやりたいことを見つけても、身近な誰かに反対された時点で諦めたことありませんか？　自分と考えの違う意見を聞くと、どちらかが間違っていると思ったりしませんか？　そんな風に、私と同じように生きてきた人もいるのではないでしょうか。

母親は短大卒、父は大卒で、新卒同士の同期入社。社内恋愛を経て恋愛結婚をした両親の馴れ初めを、小さな頃から何度も聞いて育ってきました。これが見事に無意識に刷り込まれていたのです。

何となく両親のそのシナリオに添い、短大を卒業して一部上場企業に入社し、同僚の紹介で出会った東大卒の元旦那さんと結婚をします。彼はイケメンで足が長いロマンチストで、日本を代表する有名建築家の下で働いていました。結婚後も共働きをしながら、将来彼が独立して建築家として成功することを「自分の夢」と信じて疑いませんでした。

東京出身の彼の独立に向けて、2人同時に無職になり、東京へ引っ越してから私は自分の人生を見失い始めます。彼の子を流産で失い、その後妊娠はしない。彼の仕事が軌道に乗るまで子は作らない判断もありました。少しでも役に立ちたいと考えインテリアコーディネーターの勉強をしていました。

「就職し、結婚し、子育てする」

これ以外の女の人生を知らなかったのです。いわゆる情報弱者と呼ばれ、今なら意識低い系女子と呼ばれる女子かも知れません。

「いづみはただのOLなんだから」という元旦那の言葉で、「私の夢は彼の成功」とつぶやきながらまるで心は死にゆくようでした。受給していた失業保険を円単位できっちり家計に入れながらも、「働かざる者食うべからず」と言われてしまいます。このままでは無念で人生終えてしまうと思ったのです。ピンチ。

ここから私のレールの外れた人生がスタートします。ピンチはチャンス！　まず旦那を説得し、理解に苦しむ義母をなだめてもらい、ワーキングホリデーでカナダへ1年間行くことを決めたのです。それがずっと、怖いけどやりたいことでした。

反対されてブレてしまう自分が想像できたので、こっそり1人で説明会に参加して、決意を固めてあらゆる反対意見に備えました。そして、行きたい思いを120%にしてから交渉方法を考えました。

特に物欲はなく、何となく貯めてきたOL時代の貯金を自分のために使うことにしたのです。子が生まれたら子に使い旦那のサポートに生きるなんて、ちっとも楽しくないと思いました。

こうして旦那を置いてカナダへ行った私は、電話1本で離婚を成立させ、離婚旅行へも行くことになります。私が好きなフランク・ロイド・ライトの〝落水荘〟を見に行く、カナダ・アメリカの旅でした。数か月後に私は帰国して、2人で離婚届を出しに行きました。ガックリしてる元旦那を励ましながら、東京タワーへ最後のドライブを楽しみました。

円満離婚です。

ちなみにこの元旦那さんは、とても真面目で優しいいわゆる良い人です。今でも彼の幸せを祈っています。数年のちに別の女性と再婚し、なんと娘と同じ年に子が生まれています。

ライフイベントが同じタイミングだなんて、やはり何かしらの強いご縁があったのだなぁと思う出来事でした。

一度レールを外れてしまうとあとは楽しむしかない！　離婚の経験はすでにしていて、ワクワクしない。そんなわけで、今の結婚を継続してみる〝チャレンジ〟を選んだのです。

人生の目的は幸せになること

「人生の目的って、何だろう？」

小さな頃からずっと生まれてきた意味や、使命などを探し続けてきました。そんな中、たまたま耳にして印象に残ったのは、ダライ・ラマ14世の講演会へ行ったばかりの友人から聞いたお話です。

講演内容は一貫して、「視野を広く、先を見据えて、長い目で、人生の目的は幸せに生きること、幸せになること」だったというのです。私はこの言葉をメモに書きとめました。

その後、コーチングに出会い「これだ！」と感激し学びます。使命を見つけたと思いました。

けれど、

①ゴールを決める

②現状を知る

③ゴールに向けて計画を立てる

④行動に移す

学べば学ぶほど、このシンプルなことができない自分に自信を失っていくのです。

当時は自信のなささえも自分では認められず、「コーチのフィルターが邪魔をする」など自分を擁護する言い訳を作り上げてチャレンジをやめてしまいます。

理由は、今なら明確にわかります。この頃、自分の中にある無意識の部分で「私はできない、ダメな人間だ」というネガティブな思いを持っていたのです。

この結婚では「どうせ私は愛されない、私が悪い」という思い込みを握りしめていたのです。自立して彼から離れようとしても、うまくいかない理由もこれ（無意識）でした。

どんなに意志の力で彼を愛そうとしても、あまりのストレスで何度も挫折し自信を失うスパイラルでした。最初から、彼に愛されることさえ諦めていたのです。大きなストレスを抱えていると、決断もできない上にすぐに戦闘態勢に入ろうとしてしまう。そんな自分をまた「ダメだ」と客観的に分析できてると思い結論を出し、「自分は1人で生きていけないから彼が必要なんだ」と思い込む。稼ぐことも最初から諦めていたのです。

つまり無意識に、学びを深めたいのに自信がなく、愛そうとしながらも愛されることは諦め、自立しようとしながらも彼を必要とする自分で居たい。自分軸も他人軸もなく、人生の目的も見失って立ち止まっていたのです。

このブレーキとアクセルを同時に踏む人生から抜け出せたのは、「本来の自分」に戻ってきたときでした。「自分に戻る」、「自分を思い出す」、「自分を大切にする」、どんな表現でもいい。このことがどれほど幸せを感じるには大切かを学びました。

ここに3つの質問があります。アラジンの魔法のランプのように叶うとしたら?

Q1、あなたが今、何より手に入れたいのはなに？
Q2、それが手に入ればどう変わる？
Q3、そのすべてが実現したら、どんな気分になる？

私が質問したたくさんの人が、このQ3に「幸せ」と答えています。人の役に立てて幸せ、自由を手に入れて幸せ、人を見返せて幸せ、認められて幸せ、などです。つまりこのQ3で出た気分を味わうために、人は望みを持ち行動するのだと思いませんか？

人生の最終目標は多くの人にとって「幸せになること」。どうやらこれは間違いないと思うのです。

第1章

望む未来を選ぶ〈決断〉

過ちから学ぶ自己責任

「やっぱりあなたじゃない気がする」

36歳の誕生日目前。祝ってもらってから別れるのはなんか申し訳ないと思い、別れを切り出しました。彼は弱々しく微笑んだ。彼と過ごしたこの3か月、割と楽しかったのは事実。それでも何か大切なところが大きく相違する感覚が増していたのです。その違いが面白い気もほんのりしていました。

別れを切り出した私に「好きすぎてムリ……明日、結婚しよう。今すぐ子作りしよう」弱々しくまさかのプロポーズ。ガッツリ心を打たれ、別れようとしていた男との結婚に向けてなんと動き始めてしまったのです。

すでに一度結婚で失敗し流産を経験していたアラフォーな私は、どうしても今、子供が欲しかった。6年付き合った元彼とは1年間子作りに励んだ末に、妊娠しないことが一番の理由で別れていました。

調べてみたら原因は私。多嚢胞性卵巣の気があるため、妊娠しにくいとのことでした。

「質の悪い子宮やなぁ。そら妊娠せえへんわ」

医者の言葉にかなりのショックを受けてしまい、やっぱり気分が悪いので医者を変え、ピルで生理不順を整えました。出されたケミカルにうんざりして、今度は良質な漢方で妊娠しやすい身体に整えることに。月2万円の良質な漢方は経済的にきつく、4か月飲んでから保険が効く漢方に切り替えました。

そんなこんなで1年。まだ見ぬパートナーの子を身籠もるために最善を尽くしていましたが、まだまだ妊娠する身体になっているとは正直思ってはいませんでした。妊娠するまでに彼との将来を本気で考えようと、プロポーズに何となく「イエス」と答えたのです。

ご縁のある人とは子ができる……

子ができるかどうかで男女関係の答えを出そうとしていたのです。どんなに愛していても1年間妊娠しなかったことで、極端にそう思い込んでいました。なんとなく違うと感じた彼を「最愛の人」と位置付けて、独身女3人で出雲大社へ縁結びのお願いにも行きました。

山陰の美味しい刺身で湿疹が出始め、大好きなコーヒーが飲めなくなり、まさかの一発での妊娠が発覚。一番びっくりしたのはきっと私自身じゃなかろうか。これがご縁の強さなのかと心底感心し喜びました。さらに驚くことに、彼は妊娠を確信していたという。報告すると、喜ぶ前にこんなことを言いました。

「1つ約束して欲しい。子が二十歳になるまでは何があっても離婚しないということを」

妊娠報告ってこんなだっけ？　彼が望んだ結婚に妊娠はこんなテンション？　これって子への責任感？　何だろう。またしても違和感を感じました。

「そんな約束は出来るわけないじゃない。離婚した方が幸せなら離婚するでしょ」

私は、はてな顔で返答し、彼は、相変わらず優しく笑っていました。

バタバタと親への挨拶を済まし、新居探しを始めた2人。どうやら流産しやすい体質で今回も出血が始まってしまい、産婦人科に行くと「当分、性交渉は控えるように」とのこと。「セックス出来ないし、子供おろす？」と笑って言った彼の言葉が気に入らない。冗談？　全然笑えない。なんだかほんと許せない。ありえない。不信感とイライラが始まりました。

その頃、彼は忘年会に忙しくなり会う頻度が急減。しかも合間にコンパに行くなんて言う。正直に教えてくれるんだから大丈夫、と考えるしかなく、彼の愛情はちゃんと感じるし仕事関係で顔を出さないといけないのだと理解しました。

私が仕事納めで会食をした12月21日、近くで忘年会に参加してる彼と合流することに。2週間の冬休み。年末年始の予定を決めたい。それに彼の知り合いにも会ってみたかったのです。

「年末年始は妹が帰ってくるので会えない」という彼の言葉を聞いた瞬間、積もり積もったイライラが突然爆発しました。「そんな理由で？　意味わからん！」感情はもはやコントロールできそうになく、イライラと怒りでいっぱいでした。子を宿してお酒も飲まず過ごしてる私を楽しませるのはあなたでしょう？　責める心でいっぱいでした。

ぶちまけようと後ろを見ると、すでに彼の姿は消えていて頭がついていかない。

彼は怒ってるのか？　ふざけてるのか？　怒ってるのは私じゃなかったっけ……？

心のどこかで、すぐに彼が見つかりお互いの言い分をぶつけ合う喧嘩で終わると信じていたけど、彼の姿は見つからない。何度かけても携帯もつながらない。

嫌な予感とともに終電の酒臭い満員電車に揺られているとメッセージが届きました。

「ごめん。結婚はしない。子もいらない。ご両親に謝りに行きます」

何度読み返しても、衝撃的な内容が変わることはありませんでした。

次の日は新居の内見の約束で、きっともう来ないという予想を裏切り彼は約束通り現れました。交わす会話はもはやなく、お互いに相手の様子伺いの時間となりました。無言で内見して、彼は契約をしてくれました。私の実家近くの部屋でした。

「最悪ここで1人で住んで……」と彼はポソッと呟きました。「2人の危機を乗り越えるには思い出がなさ過ぎる」とのことでした。

年末年始の2週間の冬休みはありがたく、人に会わずにずっと寝込むことが出来ました。いつの間にか越した大晦日は、宿った命について家族会議が繰り返されていたようです。そして、思うようにさせるしかないという結論を知らされました。

子を産むと決めていたし、彼の変貌ぶりがあまりにもショックで、もはや誰の意見も聞く気にはならず、ただひたすら泣きながら眠り続けていました。私は産みたい。だけど生まれてくる子はどうだろう？　子の立場にもなりつつ自問自答を繰り返し眠り続けていると、なんだか神様に試されてる様な気持ちになってきたのです。

『この子を本当はどうしたい？　お前の本音はどこにある？　どこまでこの命に与えることが出来る……？』

出産を経験してみたい。おろしたくない。自分の子供に会ってみたい。だけど子に与えられることは？　私には何もない。父親さえ失いかけている。ストレスマックスで、出血はまだ続いている。今まで愛想の良さとラッキー運だけで生きてきた私は覚悟を決めました。

「神さま！　私のラッキー運を全部この子にあげます。だからどうか健康な子としてラッキーな子として産ませて下さい。神さま、お願い！」

不思議なことに、神さまとの契約は結べたような気がふっとしたのです。

――いーちゃんコラム――

この頃、彼の子を愛せる自信がなく子を愛せない母親になるかもしれないことがとても怖かったです。彼のプロポーズに応える形で決めた結婚と妊娠でも、彼の気が変わってしまうこともあるのです。それでも受けると決めたのは自分。子は宿ってるし、最後の妊娠のチャンスかもしれない。すべては自己責任。↓「迷ったときは４つのシナリオ」（１７７ページ）

家族になる覚悟

やっと正月三が日も過ぎた頃、「とにかく思い出を作らなければ。」と強く思いユニバに行きたいと提案しました。クリスマス色が残るお正月のユニバを危機的状態の彼と楽しむことにしたのです。

彼は身体に負担が少ないようにと、クルーが同行してくれるスペシャルチケットを取ってくれていました。でも寒さが辛すぎて、結局ユニバはサクッと後にすることに。

カフェで暖を取っていると「過去の恋愛で一番幸せだった瞬間をお互いに話そう」と提案してきた彼。ユニバのおかげで少し関係が和らいでいたのです。

彼の元カノとの幸せな瞬間は、「捨て猫に牛乳を買って飲ませてあげたときに、彼女が見せた笑顔」と懐かしそうに優しい顔で話してくれました。彼の動物愛を初めて知る。実は潔癖で猫アレルギーな私は、素性のわからない動物には触りたくない。きっと一生知ることのなかった彼の優しさを知れて嬉しかったです。

次は私の番。いくら考えてみても、特にこれという瞬間は出てこない。元彼との八ヶ岳での生活は、質素でありながら刺激的で愛に溢れ、何気ない毎日が楽しく幸せだったのです。

「普通の日常…かな。毎朝また出会えたことが嬉しくて幸せだった」と伝えました。

「それはすごいな……」ポソッと彼はばつが悪そうに呟きました。

この会話がきっとダメでした。「養育費はちゃんと払うから、その元彼とお腹の子を育てたら？」と帰宅したら言い出したのです。びっくりして「赤ちゃんはあなたとの子で、元彼には一切関係がない。もう別れてるしそれはあり得ない。考えたこともない。」と咄嗟に答えると「もし一瞬でも悩んだら、すぐに子を下ろさせようと思っていた。俺に愛されようとは思うな」と言い放ち電話を切ったのです。

男の嫉妬は女の嫉妬よりも恐ろしい、を垣間見た気がしました。


――いーちゃんコラム――

ブレるのは自分だけでなく相手も同じ。それでも彼はこの時、待ち時間の少ないチケットを用意して言葉ではない愛を与えてくれてます。子が欲しい想いとご縁の強さを感じた妊娠。もし、お金の不安や世間体で産むことを決めていたら、揺さぶられていたと思います。愛か怖れかで言うと愛からの決断でした。どんな結果になろうと愛を持ってベストを尽くせば、将来何があろうと胸を張って子に言えると信じてました。

本気を試す試練

体調不良を理由にのらりくらりと引越しせず通い妻をしていると、1人で住み始めた新居で彼はインフルエンザにかかりました。インフルエンザだと分かったのは、絶対にインフルエンザじゃないからと言われ、高熱の彼に添い寝を求められた直後のことでした。

怒りに震えながらタミフルを貰いに内科へ。私はまだ安定期には入っておらず、咳込むだけで流産しそう。薬の胎児への影響と、咳き込んで流産する可能性。2通りの最悪なシナリオを想像して、赤ちゃんの命を守る判断をしました。4日間ほど薬を飲んでから感染してないと確信を得た私は、こっそり飲むのを止めました。可能な限りケミカルは摂りたくなかったのです。ありがたいことに、インフルエンザにはかかりませんでした。

すると今度は、産婦人科でクラミジアの陽性反応が出たのです。出産で産道を通る際、胎児に感染しないように妊婦は必ずこの検査をするらしい。ネットで調べてみると浮気情報がわんさか出てきます。コンパへ行っていた彼の浮気を疑いました。

怒り過ぎて静かに彼に報告すると「そっちが保菌者だったから今まで妊娠しなかったんじゃない？」と逆に男遊びの疑いをかけられました。怒りに震えながら「身の潔白」は私自身が知っている。屈辱を味わい怒りに耐えながら、訴える際の情報収拾までしました。「まだ絶対ということではない。念の為、もっと詳しく血液の抗体を調べます」レディースクリニックのこの一言を思い出し、決戦は検査結果が出てからにしました。

検査結果は「現在も、そして過去に一度も、性病にかかったことはない」とのことで、この事態は収まりました。原因は「妊娠により免疫力が低下し、ウンチの細菌が膣に入り込み繁殖したのだろう」とのこと。妊娠のみならずこのストレス下では納得の免疫低下でした。

二次検査として受けた血液検査は一般的ではないようで、血液検査までして再確認してもらえたのは、危うい関係の2人にとってはとてもラッキーなことでした。

二度あることは三度ある？　私の妊婦人生はどうなってんでしょ。今度は「健常児でなければ子はいらない」と、私の年齢を理由に羊水検査をしろと言ってきたのです。

突然歳をとったわけではないし、タミフルを飲まなきゃいけない状況も、免疫低下するほどのストレスも、あなたのせいでしょう、と絶句。これ以上のリスクは負いたくない。それに、もし健常児じゃないと今知ってしまったら、全力で命を守れる自信も正直ない。

妊娠前に彼との別れを考えたのは、「年上な上、高齢出産で健康な子を産めないかもしれない。しかもバツイチ」だから付き合いに反対、という彼の両親の話を彼から聞いたからでした。「そのことを私にいう彼がおかしい」という姉の反対を押し切り、彼の意見ではないと勝手に信じ、彼のプロポーズを受け入れ子作りに同意したのは紛れもない私。とほほ。

「どんな状態で子が生まれても、私たち2人の大切な子に変わりはない。健康に生まれたとしても、その後に何が起きるかなんて誰にもわからない。どんな子でも、どんなことが起きても、2人の子として愛して一緒に育てよう」

まるで自分自身を説得するように、彼と生きる人生への覚悟がもう一度固まりました。

彼はうんとは言わず、「好きにすれば。障害児が生まれたら俺は金だけ置いて姿を消す」と言い、検査への口出しを止めた。

なんてひどい男なの！　と非難しても何も変わらない。お金をくれる意思があるだけありがたい、のかもしれない。羊水検査のリスクを免れたことを喜ぶことにしたのです。

この出来事が「もしも流れるならば彼との縁を終えられる」と、ほんの少し残っていた浅はかな考えを払拭しました。まだどこかで逃げ出したいと思っていたのは、私でした。

彼からの揺さぶりを乗り越えお腹の子の命を守っている間に、私は母になっていきました。次々にやってくるストレスの波にも関わらず流れない命に、生きる意志を感じました。
「あなたが生まれる覚悟なら、私も最善を尽くす」――入籍しよう。
ようやく結婚の覚悟ができたのでした。

――いーちゃんコラム――

いい人ぶらない彼と、いい人ぶってる私が浮き彫りです。「当たり前」がそれぞれに違う。神さまは時に意地悪で、出来事や誰かの言葉を通して本気を試して引っ掛けます。本気で決めたと思ってからの『揺さぶり』が、本当の覚悟を固めていく作業。本気が現実を動かしていくことを体験していきます。

未来を選ぶ（カルマの解消）

彼を責めたところでこの妊娠した身体は元には戻らない、命もなかったことにはならない。すべては「自己責任」の世界を思い知りながら、ようやく彼と家庭を築く覚悟を決めました。プロポーズされた時にこの覚悟さえあれば、物事はきっととてもスムーズだったはず！　そんな「たら・れば」のパラレルワールドを考えても仕方がない。この紆余曲折がなければ、考えの甘い私には子を育てることさえ覚悟できなかったでしょう。

不思議なことに彼との未来を決めると、ポンポンと目標が浮き上がりました。次の目標は引越しして、出産までに入籍だ！　悲しんでる暇などない。目標がたくさんできました。もう後戻りはできない。赤ちゃんも本気で生まれてくる気だ！　虎視眈々と計画を練る自分がなんだか面白い。

体調をみながら職場へ行き、彼との新居へ引っ越しました。

彼との生活がスタートして1週間。「生まれ変わったら二度と出会いたくない」と心で思ったはずが、ふと言葉に出てしまいました。「普通、生まれ変わってもまた会いたいって言うんじゃない？」きっと傷ついたであろう彼の言葉に、やってしまったと青ざめました。

その瞬間、立て続けにビジョンが降りてきたのです。

〝カルマの解消〟〝彼を愛しきる〟〝彼を幸せな男にしてあげる〟

（え？　今生を、彼を愛することに費やす？　ない！　ない！）と頭が即座に否定する。

なのに、なぜ？　なんか面白い！　とワクワクし始め、どんどん好奇心が湧いてきます。

大嫌いになってしまった男を、子の父親としてだけでなく「男」として愛せるか？　彼を愛し、その男の「子」を産み育て、家族に愛される「幸せな男」にしてあげる？

ダメで元々。失うものは何もない。やってみるのも面白そう。それに、生まれてくる子にベストを尽くしたと顔向けできる。いいことだらけ！　すると「来世で2度と出会うことはない」と決まった彼との時間が、とても貴重で愛しい時間に感じ始めました。彼と生きる道を、本当の覚悟で選んだ瞬間でした。

この覚悟が決まるまでは、実際私は彼の嫌なところしか見ていませんでした。自分の苦しみに必死すぎて、彼から送られてきたボッテガ・ヴェネタのバッグの写真にも「好みじゃない」と返事をしました。お高いバッグを買ってくれるのなら、一緒に買いに行って選ばせて欲しいと不満でした。いつの間にか彼の心に寄り添う意識はすっぽり消えるばかりか、「人でなし」だと思い込むようになっていたのです。まさか彼が、記入済み婚姻届をそのバッグに入れてサプライズで喜ばそうとしてるとはつゆ知らず、無下に扱ってしまったのです。

自分の人でなし加減を棚に上げ、彼の嫌な部分ばかりを数えていました。ことごとくお互いに上手くいかず、婚姻届は一度彼にビリビリに破られました。バッグはもう買わないことにしたとのこと。慎重に進めないと目標は達成できそうもない。どこで地雷を踏むかわからない。このままでは赤ちゃんは婚外子になってしまう。

未婚の母でもいいと思って生きてきたくせに、いざ母になると自分が与えてもらった環境を子に与えたいと思うようになっていたのです。

気を引き締めて、婚姻届と離婚届を市役所に貰いに行きました。「…離婚届もですか？」と怪訝な顔をされたけど、離婚の覚悟も必要でした。バツ2になることを恐れると、その感情を利用されてしまうのが嫌だったのです。大安の日を調べ、彼の機嫌を見計らい、婚姻届の提出実行に全エネルギーを傾けました。

とうとう狙った大安の月曜日。「今日でなくてもいい」と渋る彼に、まるで今日ほど入籍に最適な日はないかのごとく、市役所へ連れて行き2人で婚姻届を提出したのです。

突然訪れた結婚記念日。とうとう1つ目の大きな目標を達成したのです！　この勢いを止めることはできません。「めっちゃ安い指輪でいいので、結婚指輪が欲しいです」と可愛くお願いしてみました。2つ目の目標。「結婚指輪なんていらない」とすでに言われていたのでダメ元の挑戦。婚約指輪や結納はとっくに諦めていました。

英会話教室で運営全般を担当していた私は、どうしても子供達に結婚報告をしてから妊娠を伝えたかったのです。【結婚→妊娠】の順番なんて全く気にしていなかったのに、今更ながらせめて同時に報告したかったのです。

出産を半ば諦めてたアラフォー女が、職場とはいえ子供達と接することで育児に参加させてもらい、とても楽しく幸せでした。外国人先生のレッスン前後は、私のオフィスで英語ゲームのみならず、宿題を一緒にしたり、学校の出来事や友達とのことなど話す自由な時間となっていました。母親が忙しくて手が回らない部分を担当させてもらいながら、子供たちにとって対等な大人の友達になっていたのです。

どうしても幸せな結婚として伝えたい。指輪を見せて喜んだり、きゃっきゃ言いながら結婚に良い印象を持って欲しい。そして「いーちゃんは幸せだ」と思って欲しい。

子供たちだけでなく大人の生徒さん、子供の親御さんまで、みんなが私の婚期の遅れを面白おかしくいつも気にかけてくれていたのです。そんなみんなを喜ばせたかった——。

気がつくとデパートへ到着。安いのを探さなきゃ、と色々見ていると「値段は気にしなくてもいい。好きなものを買うといい。」と夫婦になりたての旦那が言いました。男前か!!

1人静かに感動しながらたくさんの指輪を見た中から、一番気に入ったティファニーのダイヤ付きゴールドの指輪を選びました。さすがにダメかな…と思いきや、あっさり買ってくれました。イニシャルも記念日も不要、と彼は店員さんに言い、そのまま左薬指に指輪をはめて帰宅。「これはお高いファッションリング？」と少し考えもしたけれど、嬉しくて嬉しくて何度も自分の左手を見て喜びました。

喜ぶ私に対して、費用対効果がどうの…と彼。なるほど。これからずっと身に着ける結婚指輪。見るたび不満を抱かせるよりも、嬉しい気分をもたらす方がお得ってことかな？男の見栄なのか、マーケティング思考だか、よくわからないけど嬉しいものは嬉しい。

天邪鬼で面白い人だなーと思った数日後、彼の部屋を掃除してると「うっかり買ってしまった衝動買いリスト」を発見。そこにはバッチリ結婚指輪が記されていました。彼の購買理由も書かれており「販売員の対応が素晴らしく買ってしまった」とのことでした。

担当してくれた店員さんに感謝の念が湧きました。店員さんは最後まで「3か月以内なら無料で記念日やメッセージを彫れますので」と私を励ますように言ってくれていたのです。そしてあらためて、夫となった彼を変な人だと思ったのでした。

―― いーちゃんコラム ――

「こうして欲しい」の種をまくと割と芽を出し実をつけてくれる旦那。彼の言葉にへこたれず種を蒔く練習をしていきます。痛みにフォーカスすると痛みが増すように、喜びにフォーカスすると喜びが増す。望む未来だけを見る習慣を日々練習しました。

困った時は神頼み、それも自分の意思

羊水が少ないと言われながらも想定体重が６７０ｇを超え、やっと少し安心しました。今の医学ならこのまま生まれてもどうにか命は助かるだろうと希望が見えたのです。性別は「女児」と告げられました。

ホルモンバランスの影響か、本来の性格なのかはミステリー。感情の起伏は相変わらず激しく、自分自身にも嫌気がさしていました。カルマの解消を決めてもなお、くよくよ思い悩む時間は少なくない。今まで自分だと思っていた性格が、もはやどんなものだったかすら思い出せないのです。

どんどん自分が嫌になる。こんな親の元に生まれてくる子が可哀相で仕方がない。自分が自分であることが情けなく、それだけで泣けてくるのです。母親として、お腹の命を守ることくらいしか出来ず、無力感を存分に味わっていました。

ストレスＭＡＸのタイミングで、和歌山のある霊能者さんの話を母から聞きました。母の友人が数十年前に言われたことが、今現実になって起こっているという話でした。早速

会いに行くことにしました。聞きたいことは2つだけ。
・このまま結婚していて良いのか？
・生まれてくる子は健康か？

ちゃんとした住所も知らないままサクッと辿り着きました。扉を開けて「こんにちは」と何度か声をかけると、小さな優しいおばあちゃまが「ようこそ」と出迎えてくれたのです。襖の奥の奥に入るとそこはとても不思議な空間で。何も知らずに入っていくと、おばあちゃまが口を開きました。「そなたの名は？」さっきまで話していたおばあちゃまが、声も口調もすべて別人のようです。そしておばあちゃまを通し、降ろされた言葉は意外なものでした。

「離婚せずとも良いのではないか。この男はそなたのことを嫌いではない。手綱はそなたが持つことになるであろう。意志の弱い男だ。家庭への自覚は…間に合わぬかも知れぬ。意地の悪い男ではない。わかってやれ。そなたならできる。あと…、あまりストレスを溜め込むな、子が可哀想じゃ。健康な男と健康な女から生まれる、健康じゃ。」

そして「良かったら参考にしてください」と締めくくられました。

これ自体が不思議体験ではあったけれど、本当の不思議体験はそのあとでした。そこを出た瞬間には、ずっしりあった生まれてくる子への不安がすっかり消え去っていたのです。ストレスが子に影響を及ぼさないかと心配し、よりストレスを抱えるという無意味な負のスパイラルから抜け出せていた！　久しぶりに心が軽い！　どんなに頑張ってもポジティブなイメージが浮かばなかったのに、おばあちゃまの言葉なら信じられたのです。

（健康な子として生まれてくる!!）

嬉しくて嬉しくて仕方がない。それに、どうやら離婚するより離婚しない道の方が良さげだぞ？　と解釈した私。

カルマの解消という決意の方向と同じで嬉しい反面、「この男はやめておけ」と神の一声を期待していたような気持ちも正直ありました。まだまだ続く長い道のりに気が引き締まる。彼から逃げるよりも理解して、家族として前進していく人生が色濃くなる。まるで悪魔にさえ感じる彼のことを、「意地の悪い男ではない」と教えてくれたのです。

悪魔の部分をわざわざ探し出しているのは私。意地の悪い男にしてるのはこの私なのだと思い知り、ほんの少しだけ反省しました。せめて愛しやすく、優しくしたいと彼が思える女性になろうと思い始めました。

その後、何度か和歌山に向かい言われたことは、旦那と私は「あまりにも生き様の違う2人」だということでした。

――いーちゃんコラム――

自分を信じられない時ほど占いや相談に足が向きます。言われたことを疑い、別の劇薬を探し続けると、言われたい言葉を言われるまで彷徨い続ける。自分の答えがあるなら、自分の意思でその未来を選択すると流れは変わります。受け取った言葉を、自分の望みへ向かうためにどう活かすかを自分で考えることをお勧めします。

妊婦みんなが幸せと思わないで

結婚してから仕事が忙しくなった旦那は、出張だらけであまり帰宅しなくなっていました。キャバクラ通いも始まっていたのです。

周りからアドバイスを受け「少しでも多く貯金して、不安定な将来に備えること」で私の頭はいっぱい。そして、切迫流産の後は切迫早産と診断されていました。

入籍して数か月後、ようやく生活費として家族用のクレカを渡されるも、「現金支給」

をしつこく言い続け、やっと3つ目の目標が達成されました。同時に「妊娠中でも稼ぐ人は稼ぐ」「ビジネスを考えろ」と彼はしつこく言ってきました。お腹の命を守るのと自分の職場だけですでに手いっぱいで、その言葉はとてもストレスでした。

起業どころか！　後任が決まらない英会話教室の運営を、転送電話でやりくりし、母に代わりに掃除してもらい、外国人先生たちにお月謝のやり取りを任せる状況で、パソコンの前に座ることすら難しい日々をただ生き延びているのです。

気が付いた時には旦那はすでに失望の顔で、「お前は何も出来ない」「稼げない」「料理もろくにできない」と言われる状態まで悪化していました。食事をどうするかが日々の最大の悩みで、トイレとシャワー以外は起き上がれない状況は、ほぼ家にいない彼には伝わっていなかったのです。

「妊娠時代が一番幸せなんやろ」誰に聞いたか知らないこの言葉に、腹が立って仕方がない。それでも娘に申し訳なくて否定もできません。「どこで幸せを感じろっていうのよ！」怒りを飲み込み生き延びるのです。

電車に乗ると驚くほど妊婦に冷たい現実に悲しくなり、マタニティマークが危険だという記事を読んでは妊婦を妬む女性にさえ「妊婦が全員、幸せだと思わないで！」と腹が立ってきます。

人それぞれ変化する妊婦の体、私は香料が受け付けなくなり、両ワキが驚くほど黒ずみました。「うわっ見てしまった」という言葉と、「女の匂いがしない」という旦那の言葉に、私は静かに傷ついていました。

ようやく職場で後任も見つかり、完全な産休に入れたのは予定日の2週間前でした。

安産を目指し毎日床の拭き掃除をし、コンロを磨きスポンジをハイターに浸けて、キレイな赤ちゃんが生まれるようにとトイレ掃除に励む日々。

お風呂にも浸かることが出来るようになり、出産前には母乳が出始め、帳尻を合わせるように幸せな妊婦時代をほぼ1人で過ごしました。いつ産気づいてもいいように、タクシーの電話番号を控え入院準備を玄関に置き、陣痛から入院へのイメトレを何度も繰り返しました。

たったの1度も一緒に産婦人科に来なかった彼は、立ち会い出産はしないと言い、家にもいない可能性が高いうえ、出産予定日を伝えたとき、「元カノの誕生日だ」と口を滑らせたため、1日でも早く産もうと歩きまくりました。

そして予定日の6日前。一睡もしていない朝4時過ぎに陣痛は始まりました。用意していたアプリを起動させ、ゆっくり着替えてご飯を食べました。うん、順調。陣痛が10分間隔になり、日曜日だったので両親に迎えに来てもらえました。

病院へ向かう車中で東京出張中の夫に電話をしたら、話しかけられたと勘違いして返事をした女の声が聞こえた気がしました。浮気に気づいてる精神的余裕はない。防衛反応が働き、あえてそれには触れませんでした。手首を骨折してる母が私の腰をさすり、駆けつけてくれた姉が母と変わってくれました。

妊娠・出産雑誌を読むと恐怖が募るばかりで、前情報はあまり入れておらず、陣痛は「長くて1分」と耐えてみましたが、のたうちまわるほど痛い陣痛に、「これムリなやつ!」と恐怖に慄きました。とっさに呼吸で痛みを散らした結果、我慢できない陣痛はその1回だけでした。

昼頃には東京から駆けつけた旦那が背中をさすり、どさくさに紛れて立ち会い出産が始まりました。パパママ教室を受けなきゃ立ち会いできないルールって、一体なんなのだろう?

彼に暴言を吐かないように、これ以上失望させないように、ひたすら彼に気を使い静かに娘を産みました。「こんなに静かなお産は初めて」と取り上げてくれた助産師さんが驚いていました。出産に立ち会った彼には、「こんなものか」と思わせてしまいました。

病院での産後5日間はまるで授乳地獄。3時間毎の授乳は、ほんの少し短い乳首と飲むのがほんの少し下手な娘で授乳がうまく出来なかった。ある助産師さんが力ずくで母乳を飲ませようとするおかげで、乳房は黄色みと青たんだらけとなり、激しい痛みと共に見るも無残な姿となっていました。見兼ねた優しい助産師さんが、休み時間におっぱいマッサージをしにきてくれました。時間の都合で出にくい右側だけ。のちに左乳房がつまり、ワキから針金を入れるような痛みにしばらく苦しむことになります。娘のウンチが出なくて黄疸が出て、入院が1日延長されました。

ラッキー運のなくなった人生が、この時すでに始まってる実感がありました。

ようやく家に帰ると、真夏に放置された牛乳パックやゴミの山でコバエが飛び交い、異様な匂いが充満していました。旦那は飲み歩いて帰宅せず、約束していたベビーベッドの姿もない。

見るからにがっかりした私に、気分を害した旦那が怒って椅子を蹴り、家を飛び出していきました。数時間後、無言でベビーベッドとともに帰宅。再び緊迫した空気が流れ出し、夫婦の会話はどんどん減り続けました……。

――いーちゃんコラム――

これでも私の妊婦時代で一番幸せを感じてるときです。後日談として、「この1年で1番感動したこと」を話し合った時、「出産」と答えた旦那。ドラマのように「ありがとう」とか「よく頑張った」とかまるでなくても、感動した瞬間だったようです。

こののち、私は自分から離れていく体験をしていきます。出来ないことが増えすぎて否定批判されていると「これ以上嫌われないように」と思うようになりました。これは一番の間違いでした。

第2章

浮気

人の失敗も成功も「他人事ではなく自分事」に思えたら、世界はきっと変わる。他人の失敗を見て、自分の代わりに体験してくれたという見方をしたり、考えるきっかけをくれたと考えると、蔑んだり非難する必要はなくなっていくと思うのです。

浮気証拠は集める方がいい？

何かがおかしい。浮気って、疑うきっかけがない限り本気で疑うことはしないもの（だと思うの）です。妊娠中とは比べものにならない空気のピリピリを旦那から感じていました。出産のホルモンバランスの崩れ？　睡眠不足で自律神経がおかしくなってるのか？

そんな風に感じていた頃、数少ない共通の女友達に嫌悪感をあらわにする彼の反応に、ピンときたのです。彼女、何か知っている——。出産のお祝いメールのやり取りがあり、聞いてみたらビンゴ。詳細は言ってくれず「あんな男とは早く離婚したほうがいい」の一点張り。そして「弁護士を雇え」と言って連絡は途絶えました。

まさか！　と思いつつ彼のカバンやゴミ箱を調べてみると、わんさか出てきた証拠たち。風俗のカードやメッセージカード、そしてコンドーム。過去に浮気をしたことはない、風俗も嫌いだと言っていた彼なのに……。そして、ホテルの領収証もたくさん見つけてしまったのです。その中には妊娠中に、〝出会って1年記念日〟で私と泊まったリッツ・カールトンまでありました。日付を見ると、娘を連れて彼の実家で彼の帰りを待っていた日。あの日、「浮気されてると思うんです」と彼の両親に打ち明けていた。どれだけ勘が鋭いんだろう、と自分で恐怖を感じてしまう。そのあともあまりにも私の勘が当たるようで、盗聴を疑われたほどでした（盗聴を疑われたことで私も盗聴を疑い、家でも自由に話せなくなりました）。

部屋番号が記載されてるものを選び「ツインベッドかもしれない」とかすかな期待を胸にホテルに電話をかけたのは、彼の帰宅しない深夜1時を過ぎた頃。ルームナンバーを告げ、ベッドのタイプを聞くとダブルベッドでした。部屋のベッドがシングルやツインに変わることはないですか？　と聞いても、「ない」との答え。最後の望みも消え、残念ながらダブルベッドが決定し、男性と泊まったのかもしれない可能性は消えてしまったのです。

生後1か月の娘を抱きながら、答えてくれそうな2件のホテルに電話したところでやめました。心が潰れそうなほど痛すぎて苦しくて、新生児にしがみつき震えて泣きました。はたから見れば、とてもシュールな絵だったと思います。

真実が知りたい。本当のことが知りたい！　という願いが叶いスッキリしたのは一瞬でした。「おかしくなったのは、あなたの方じゃないの！」自分がおかしくなったわけじゃなかったという安堵も一瞬で過ぎ去り、怒りと悲しみと嫉妬がこみ上げました。

このときに怒りに任せて感情を出せていれば、まだ良かったのかもしれない。

「バレてないと旦那が思ってるうちに、証拠集めをしたほうがいい」というアドバイスを受けた私は心を殺し、もっと辛くなるのに新たな証拠を探し始めたのです。そして減っていくコンドームの数を確認するようになったのです。


――いーちゃんコラム――


このときもらったアドバイスは、「有利な離婚をするための証拠集め」。私に離婚の意思は無く、結婚の継続を決めていたので目的にズレが生じています。エネルギーも判断力もなく、このズレにも気づけませんでした。よく考えずに、目指すゴールが違う行動をとってしまったのです。個人的には、離婚で大金が貰える人、今すぐ離婚したい人以外、証拠集めはお勧めしません。そのあとのフラッシュバックが超絶辛いです。

探偵を雇おうとして電話をしたこともありますが、旦那の個人情報を必ず聞かれます。怖くなり本名は言わずに電話を切りましたが、そのあとも営業電話はかかってきます。もし名前を言っていたら、旦那側にこちらがどこまで証拠を押さえてるかの情報が売られるのかもしれないと、とんでもない疑心暗鬼にもなりました。
証拠を抑えるのに長引き、探偵費用に１００万円以上かかった話も聞きました。それなら傷心旅行に費やしたいと思いました。よく考えて、証拠を押さえてくださいね。

自分を騙す落とし穴

産後は妊娠初期以上に感情は不安定で、穏やかに話せるような状態ではありませんでした。娘がせめて1歳になるまでは結婚をもたせようと思い、旦那には「もしも私が離婚を切り出しても1年間は耐えて欲しい」と伝えておきました。そして感情コントロールとして、自分を騙そうとトライしたのです。

まるで彼のことが大好きかのように行動したら、2人とも仲良しだったときをきっと思い出す♡と軽い気持ちで始めたのです。妊娠前の別れ話では、お互いの好きなところを言い合うというステップを踏み、なんとか持ち直した2人でした。

そこで『わたしは女優』をスローガンにしたのです！

これが苦しみの始まりでした。最初は彼も、浮気への罪悪感や浮気相手への恋愛感情で私にイライラしてる様子でした。それでも「浮気はしていない」と言って、認めない優しさ（or卑怯さ）もありました（今は浮気してるよ。それが何？　という態度）。

そのうちに「お前が悪いから浮気する」と責任転嫁。↑嫁に責任を転がす！浮気を認めてないくせに「お前が浮気を疑うからそうなる」と量子力学が流行る前から使いこなし、説明までご丁寧にしてくれました。おかげで量子力学の世界を知れました。

量子力学の説明を聞きながら、「この人のこういうとこが面白いのよね」と思いながらも、平気でウソをつく彼への不信感を募らせていきました。私の不信感と比例して彼は機嫌が悪くなり、いつしか彼にビクビク怯えるようになっていったのです。

ピーラーで指を切ると「ピーラーで怪我するなんてありえない」と第三者の前でバカにして、何か失敗すると「お前は本当に何もできない」と人格否定を受けるのです。

どんどん本当に出来ないことが増え、何も出来ない自分が悪いと思い込むようになりました。今から思うと、「あなたがそう思うからそうなる」の量子力学の通りです（笑）。

料理を作っても美味しいも不味いも言わず無言。無表情。それでも、どんなものを出してくるのか評価の空気感だけはあるのです。１人で食べるときは気楽に作れて美味しいのに、彼がいると緊張して失敗する悪循環。わざとではなく、彼に作る料理が苦痛だったのです。

会話のない食事を人生で味わったことのなかった私には、静かな夕食は信じられないほど苦しい時間でした。テレビの音がせめてもの救い…と思った途端にテレビは消され、「家庭のマナーがなってない」と否定されるのです。そして、食事のマナーだけは厳しくしつけられたと母親賛美の時間となります。楽しく食べるマナーも一緒にしつけて欲しかったです。

そんな状態からの脱却法が「勘違いをする」でした。このままじゃストレスで息ができないと思った私は「恋人ごっこ」をしようと提案。どんなに不穏な空気が流れていても腕を組んだり服の袖を掴んで歩いたりして可愛い女を演じました（泣ける）。手をつないで振り払われても、「じゃ、腕にしよぉ♡」と頑張りました。最初はとてもエネルギーが要りましたが、自分にウソをつく自分を受け入れ出したらハードルは下がっていきました。

大好きな人と一緒にいるのだと勘違い出来ればそれでいいと考えて、大好きだった元カレに似たニックネームで呼んでみたこともありました（最低なアイデア。1度で終了。）

事実を無視して自分に嘘をつき、本音を封印する恐ろしさをみくびっていたのです。どんどん本当の自分の考えがわからなくなり意思もなくなり、うまく話すことすらできなくなりました。かつての自分がどんなだったのか、感覚が思い出せないのです。

失敗ばかりする自分にがっかりして、うまく話せなくなった自分の精神がおかしいと心配するようになりました。世に出回る「自分を大切にする」情報を読みあさり、まずは自分を大切にして満たす、嫌なことをやめる、好きなことをする、に従おうとしても、大切にするの意味がわかりません。何が嫌で何が好きで何が得意なのかさえわからなくなっていたのです。びっくりするほど、自分を他人に乗っ取らせていたのです。

色んな人と出会い会話するのが大好きだった私は、感情が動かず話したいことが何も湧いてこず、人と会っても全く言葉が出てこないことに驚きました。

それでも今の幸せがあるのは、この頃の苦しみやもがきのおかげだと思えます。正解だろうが間違ってようが、諦めるとそこで終わり。だから思いついたことをして、近道も遠回りもすべてＯＫ。違った！　と思ったとしても、「これではない」がわかるのですから一歩前進です。

――いーちゃんコラム――

この「話せなくなる」という症状の原因は「頭と心と魂」がバラバラになっちゃったからでした。

「頭」では彼が大嫌いで、「魂」では彼を愛している。その上「魂で愛してる」と認めるのを「心」が拒み、「頭」が無理に好きになろうとする。整理すると……

【魂】・愛してる（カルマの解消を愉しんでる）。
【心】・傷ついて愛することを拒む。
【頭】・大嫌いなのに好きになろうとする。
【体】・心と連動し、みるみる激やせ。

自分を大切にするとは、自分の本音（魂）を大切にすることでした。頭と心と魂が統合すると本来の自分を生きやすくなるのに、それぞれが違う主張をし、言葉を紡げなかったのです。ここまでこじらせると、自分探しがとても大変になりました。

フラッシュバックについて

浮気されて何が辛いって、フラッシュバックです。そう、フラバ。

夫婦関係の再構築中はもちろん、離婚後もフラバで苦しんでる人もいます。浮気現場のことなんて考えたくもないのに、集めてしまった情報から妄想が膨らみ自分を自分で苦しめるのです。それも何度も何度も繰り返す。浮気現場に関わる場所には行けなくなるし、自分にとって大切な思い出も地雷となる。

テレビをつければ不倫ネタばかりだし、ラジオから流れるラブソングさえ、不倫真っ最中の恋心を代弁してるように聴こえてしまう。純愛映画も感情移入どころか、これで感動できるなんていいねと引いた目で見てしまう。この世の中のすべてが薄っぺらく感じ、感動の心はどこかへ消え、自分の中だけに嫉妬や恨み、そして憎悪の感情が残ってるみたいで悲劇のヒロイン演じてしまう。

本当に苦しいのよ。経験してない人には想像もつかないほどに。


私にとってのフラバの1つは、ユニバ。

産後すぐのクリスマスは、リッツで〝落とした〟相手とユニバでダブルデートしてた旦那。カフェで私とランチして、仕事で京都へ行くと言って人混みに消えていった彼を、私は疑いもなく笑顔で見送りました。だけど彼はユニバへ向かっていた。

どんな風に嘘をつき
どんな風な言い訳をして
どんな顔で出ていくのか
すべてが目に焼き付いている

それ以来、テレビでユニバのCMが流れるたびに悲しみと憎悪のオンパレード。クリスマスやハロウィンが近づいてくるだけで、動悸が始まりました。ただの日常が地獄なのです。

キャーキャー楽しそうな若い女性の声を想像し、張り切って着飾り可愛くて面白い女性の姿を想像し、若いノリの高いテンションを想像して毎回心がえぐれてました。スヌーピーの被り物とか被っちゃってる楽しげな女を見るだけで、この人も誰かの浮気相手かなって思ってしまう。そんな証拠写真を見てしまったからね。

「私もユニバに行きたい！」

家族で行くなら女と行かないかもしれないと思い、毎年クリスマスの家族行事にしてみました。喜ばせようと有料席に連れてってくれても「さすが2度目は段取りいいね」って笑顔で嫌味を言って、心で悲鳴をあげていたのです。

でもね、それって本当に悔しいじゃない？　なんで私の大好きなユニバを大嫌いな場所にして、毎年クリスマスに無理して喜んでるフリをしなきゃいけないの⁉

ようやくそう思えるようになったときに、勇気を振り絞って「思い出の上塗り」をしたのです。そのあと、年パスを買って1年間何度も娘と2人で遊びに行きました。フラバは消え、楽しい思い出が増える場所になりました。

最初の一歩だけはどうしても辛い。だから、どうしたって楽しい思い出になる「環境」を整えて踏み出すことにしたのです。これオススメです。

コツは、そんな内面の話題を一切しない楽しい仲間と大勢で行くこと！　寄り添ってもらおうとか甘えも出ないし、自分の感情には1人で向き合える。乗り物の勢いでテンション上がり「わたし大丈夫だ〰〰」って嫌な想いを吹っ切ったり、自分でフラバを乗り越えていく自信をつけることができました！

――いーちゃんコラム――

怒りと悲しみと虚しさが込み上げ爆発し、「私の人生になんてことをしてくれた！」とクッションで彼を叩いたことがあります。「こんな怖い女とは一緒に住めない。だから帰宅できない」とニヤッと笑って言った彼に、どうしたって勝てそうもないと思いました。その時に戦う意志を捨てました。おかげで気分転換がとても上手になりました。

どんなに悔しくても心を整えて、望む未来を思い出し笑顔を作り、深呼吸をして、「さっきはごめん！　仲良くしよう！　カラオケ行こう♪」と空気を変えるのです。

そんな私を、彼はきっと情緒不安定としか思ってなかったでしょうね。

被害者意識に隠された意外なメリット

被害妄想とは、あえて自分が傷つくように解釈したもの。起きた出来事ってその事実のみでは意味がなく、どんな意味を紐づけるかは自分なのです。

浮気されたことを知ると、相手を批判したくなり悲しみや怒りも強く感じます。颯爽と離婚を決めて姿を消すカッコいい女性もいれば、初期の私のようにシクシク泣いて相手を攻めながら過ごす人もいる。悲しみを乗り越えながら、再構築を目指すご夫婦もいるでしょう。自分の人生を実験台にして、浮気が平気になることなんて本当に出来るのか？　嫌いになった人を愛せるのか？　と概念を変えるチャレンジを始める私みたいな人もいるでしょう。

けれど、ずっと被害者意識でパートナーを責め続けたり、離婚したあとも元パートナーの文句を言い続ける人が多いのはなぜだと思いますか？

そこには実は、本人にとってのメリットも隠されているのです。これは人それぞれ違っていて、他人にはわからないことなので、自分で気が付いた人だけが解消できるのです。少なくともその隠れたメリットに気付くと、被害者意識から抜け出すのが早くなります。

私にとっての被害者意識と隠れたメリットを、恥ずかしいけれど例として公開します。

【被害者意識1】　あなたのせいで自信を失い、人とうまく話せない

↓　うまく話せないから自分らしく生きられない、こんなのは本当の自分ではない。本

当の自分を生きられず幸せじゃないのは、彼が原因、ということにしていました。幸せになる勇気を持てず殻にこもっていたのです。本当の自分を見つけると挑戦が伴う、だけど出来る気がしない。使命を見つけても失敗するかもしれない。人生に挑戦しない理由を彼のせいにして生きる方が、傷つかず楽だったのです。

【被害者意識2】 この結婚のせいで親との関係が悪くなった

↓ 親との関係は、小さな頃からもともと価値観が違う問題を抱えていました。それなのに彼が非常識だから「親の喜ぶ人生」を生きられないと思い込んだのです。親の理想を生きられない罪悪感を、旦那の浮気のせいにすり替えたのです。

【被害者意識3】 あなたのせいで不幸

↓ 自分の存在価値のなさや人生に挑戦しない言い訳に、彼の無情な行動は最適でした。「一生幸せだなんて言ってやるものか」と不幸を握りしめながら、「自分は悪くない」という安心感の中で生きていたのです。

【被害者意識4】 こんなに苦しんでるから働けない

↓職場復帰してても事業閉鎖になってしまい、起業しろと言われてもうまくできない。運が悪くなった原因も、彼の子を産んだからだと自分に思わせようとしていました。外で働く気力もなく怠惰でうんざりする自分を擁護するため、苦しみ続けていたのです。

言いわけ大将オンステージ！　ですね。視点を変えるといろんな見方が出来ますが、渦中にいるときは全く無意識に被害者であることにしがみついていました。

私はこれを【エネルギー充電期間】と今では捉えていますが、人によって意味づけは様々でいいと思っています。大きなジャンプをするためにしゃがんでるだけ♪って言い張ってもステキですよね。

正解なんてありません。自分の中の答えを自分で正解にしていくだけなのです。

——いーちゃんコラム——

「何かのせい」にしてるとき、すべてに「隠れたメリット」があります。妻が悪いから浮気する、親が悪いから引きこもる、国が悪いからお金がないとか。でも、ずーっと変化しないで生きてる方が「幸せになれないリスク」が大きいと思うのです。

浮気後のセックスの不潔感

浮気されたあと、気持ち悪くて受け付けなくなる人は多いと思います。少し潔癖症な私ももれなくそうなり、娘を触られることさえ気持ち悪くて気が狂いそうでした。〈尻軽な女を触った汚い手で赤ちゃんに触らないで！〉そう思いながらも、娘と父の絆を紡がなくてはと必死で口をつぐみ我慢していたのです。

そんなとき、浮気でこんなに苦しむくらいなら浮気が気にならなくなるほうが幸せじゃない？　と思いつきました。昔どこかで聞いてうっすらと覚えていた、今井美樹が布袋の浮気騒動に言ったらしいセリフ。

「男って浮気する生き物でしょ？」

このマインドを手に入れたい！　そう思える人がいるってことは、そうなれるってこと。今井美樹も同じ日本人だし簡単なはずだと思ったのです。

浮気の証拠を見つけてすぐの頃に相談した人がいます。いろんな結婚事情を見てこられた方で、友人の多い真心を感じる人。派手な遊びを経てすでに落ち着いた男性経営者でした。

相談したときに、「離婚するなら多少生活のサポートは出来る。お金の不安のために結婚を継続するのはやめといたほうがいい」と言ってくれました。この言葉は、本当に気を楽にしてくれました。その上で結婚継続を決めている私へ、以下のアドバイスをくれたのです。

・旦那からのセックスの要求は断らないようにすること
・旦那の胃袋を掴むこと

私はこの言葉を信じることに決めました。料理教室にも入会しました。産後2か月ほどで再開した夫婦生活は、思いのほか苦しい時間となりました。汚らしい、気持ち悪い、悔しい、許せない、悲しい、同じように他の人にもしてるのかな…ｅｔｃ。それでも受け入れなきゃ。喜ばなきゃ。体の反応で愛してないことがバレてしまう。自分はまるで彼専属の娼婦だと考えてしまったときには、どうしても辛くなって涙が出てしまい、中断してもらいました。すると「泣かれるとこれからやりづらくなる」と気まずそうに言い捨てた彼。

このままの意識では苦しくて続けられないと気がつき、何度も今井美樹のマインドにアクセスするように意識しました。「浮気が平気」な感覚にフォーカスするため、動物の感情を想像したりもしました。例えば鹿はどうかしら？　群で行動しながら、色んなメスと交尾するのかな？　メスはきっと病原菌のことなんて気にしないはず。子孫繁栄、そしてもし快楽があるとしても、他のメスのことを問題視するはずはない。

恋愛の始まりはどうだっけ？　新しい彼氏ができたとき、過去の女性経験を気にしたことなんてあったっけ？　ない！　愛人や浮気相手になる人の心理はこれか！　自分のあとの女にだけ気持ち悪く感じるということは、気持ち悪いとか性病がイヤとか言ってるのは、本当はただの理屈で、嫉妬してるだけかもしれない。

それなら毎回初めてのセックスくらいに思っていれば、気持ち悪いのは解消できるかも。「旦那さんはセフレ」それもアリだと大真面目に考えた瞬間になんだか愉しくなりました。捉え方を変えるだけで新しい体験が出来る!!　そこから彼との夫婦生活は、ホルモンバランスを整える時間と快楽、そしてセフレという概念遊びの時間になりました。

愛人や浮気相手としてではなく、妻として当たり前にセックスをして、正々堂々と生活費を受け取れることを意識して喜ぶようにしたのです。

―いーちゃんコラム―

生まれてくるのが女の子だと知ってからは、娘の幸せな結婚式をイメージして「家族写真」を撮りました。いつ離婚してもおかしくない両親の元に生まれる娘へ、両親から愛されて育った証拠を作りたかったのです。女として男性を愛し、愛される喜びを知って欲しいからこそ、父親を大好きになるように育てました。

ウェディングソングの『黄色い花』（竹仲絵里）を聞いたことはありますか？　この曲を聴きながら娘の幸せを想像して泣きました。「あなたが選んだ人なら大丈夫、超えていける」という歌詞は、私が母から一番欲しかった言葉でしたが、そう言わせてあげられないことが申し訳なくて悲しかったです。それにしても、生まれる前から子の結婚式（幸せ）を想って泣けるなんて、子への愛とは不思議な力を持つのですね。

サレ妻心境の変化4段階

浮気されても笑えるようになってきた頃に言われた言葉 ↓ 『浮気されても大丈夫な人だ

ったということね！』…。とても優しく前向きな友人で、本当に悪気はなく言ってるのはわかるのです。それでも心の中では「そんなわけない」と首をブンブン横に振っておりました。

どうにか波を乗り越えただけです。そのときは、水鳥の脚みたいに水面下では必死でもがき、悲しくなることだってまだまだありました。あえて悲しみにフォーカスしないように感情をコントロール出来るようになっただけでした。どんなに悲しみの中にいても、今までの人生で培った笑顔の「スキル」が発動し平気に見せることはできるのです。

苦しみを乗り越えると「最初から大丈夫な人だった」と認識されることに驚きました。反論すれば「自分は不幸だ！」とどん底にもう1回落とさなきゃいけない気分になります。幸せな感情に意識してアクセス出来る自分で居たいから、反論はしないだけなのです。

どれほどの葛藤と苦しみを乗り越えてきたか、経験していない人にはわからない。きっと病気の苦しみや、愛する人を失った人の喪失感も、経験した人にしかわからないのだと思います。『自分が体験したことないことについてはコメントに気をつけよう』と思いました。

実はこの友人の言葉のおかげで、以下の心の変化4段階に気づくことができました。

【第1段階】 被害者なわたし

・怒りや悲しみで感情的になりパートナーを責める。
・優しくされたい、この苦しみを理解してほしい。
・あなたが間違いでわたしが正しい、の二択の世界。

収入が割とある女性やプライドの高い女性、バサッと見切りをつけるカッコいい女性はここで離婚。浮気されたことが恥ずかしくて隠す人、それでもパートナーが大好きで苦しむ人、経済的理由で離婚できない人は踏みとどまる。

【第2段階】 悲劇のヒロイン

・大切にされない、他の女性に負けたようで自信喪失。
・弱る自分になることで夫に罪悪感を持たせる。
・心を閉ざし、なんて可哀想な自分なのだと不幸を握りしめる。

傷つきながらも家族としてマナーとして、夫の名誉を守る女性はこの段階。自分も悪いと思いつつ「いい人、いい女」ぶるが、本気で自分が悪いとは思ってはいない。罪を感じさせて相手をコントロールしようとしている。

【第3段階】 悲嘆に飽きる

・現実を受け入れ始め、自分への攻撃ではないかもしれないと思い始める。
・意志の弱さや家族としての約束を守れないのは相手の課題と切り離せる。
・自分はどうしたいか、離婚も選択の1つとして考えられる。

悲嘆に飽きると、落ちたボールが底から上がるように自分の幸せに向かって進み始める。「幸せだと言ってやるものか」という思いを握りしめてることに気づくと、それを手放せる。

【第4段階】 パラダイムシフト（価値観の転換）

・自分の中の常識を変える。
・浮気されて傷つかない自分になる。
・自分が浮気してもいい。
・親や世間の考えから抜け出し、自分の考えを選ぶ。

相手を変えるのではなく、自分が変わる。善悪のジャッジから解放される、と決める。
本当の自分に出会い、望む未来へ向かう選択をする。
お互いの非を言い合う感情的な離婚ではなく、円満離婚、卒婚ができる。

◇　◇

私は浮気を平気に思えるようにムリしてパラダイムシフト（価値観の転換）を起こそうと進めてきましたが、やっぱり浮気されるのはイヤだと諦めました。正直に「頑張って受け入れようとしたけれどどうしても浮気はイヤです」と伝えたとき、不思議な感覚になりました。浮気がイヤとか悲しいという感覚ではなく、愛し愛されたい想いだけがあったのです。「無理して愛する」ということを諦めたら、愛していることに気付いたのです。それ以来、浮気の証拠探しをやめました。辛くなることをしていたのは自分だったのです。

「浮気は悪いこと」と信じて疑わないとき、浮気された私には苦しみしかありませんでした。苦しみの中でうずくまっていると、何をしても間違えてしまう感覚になり、迷い、決められなくなり、自分という人間がどんな個性でどんな考えを持つ人なのかさえ見失いました。こうしてパラダイムシフトを諦めたとき、本当のパラダイムシフトが起こり自分とつながり、「愛の状態」になる感覚を認識できたのです。

自分と繋がり「本当の自分」がはっきりしてくると、親や世間の常識、パートナーから無意識に受けている影響にも気付けるようになります。その上で、夢や望む未来に向かって意識的に選び直せるのです。結婚やパートナーシップって、『本当の自分に気がつくための最強の手法』です。自分の本音に気付いたり、理解するために他人は存在します。結婚することは、逃げ出しにくい環境をあえて作るために「制度」として利用するだけなのです。


本気を出せと言わんばかりに揺さぶりをかけてくるのもパートナーシップ。

愛情のぬるま湯で甘やかし、依存させて人生の挑戦を難しくするのもパートナーシップ。

お互いの存在を認め合い、挑戦を応援し合うのもパートナーシップ。


どんなパートナーシップも、必要だから体験していると思うのです。それぞれが自分を生き切るための最強のご縁が結婚（修行）であり、時には苦手をサポートし、お互いの強みを発揮できるように助け合う。

人生の目的は幸せになること。私は誰か？　を思い出すと幸せになるのです。つまり、本当の自分を見つけていくことこそ、人生の目的だということなのです。

だから今パートナーとの関係がどんな形で、どんな環境であっても断言できます。

すべてはうまくいっている。

すべては、本当の自分を見つけるために起こっているのです。

――いーちゃんコラム――

第2段階のときに友人に誘われて『へそ道』という話を聞きにいったことがありました。

そこで理想の自分をイメージするワークがありました。

そのとき出てきた私の理想はこれ←

『経済的に自由で、大好きな旅行にたくさん行き、愛する家族と自由な人生を過ごす』

ハっとしました。すでに願いは叶っており、理想を生きていたからです。それでも「私は幸せ」と言うことに、とても強く抵抗を感じました。彼を「1人の女も幸せにできないダメな男」と非難するために、「私は幸せじゃない」という思いをずっと握りしめていたのです。

そこに気付けた私は、少しずつ「私は幸せ」という言葉を発する練習を始めました。

産後の社会復帰

旦那の浮気が発覚したことがきっかけで、自立しなければと思い、娘を6か月から保育園に入れて一刻も早く社会復帰をしようとしました。娘を抱いて何度も通った市役所では、育休がまだ残ってるうえ離婚もしていない、離婚協議中でもないので、保育園の優先案内は難しいと言われました。先生の人員を増やすことも今のままでは出来ないとのことでした。

相談する人によっては目先の利益のためにシングルマザーになることを勧められました。娘と父親の愛情を繋げたいこと、夫婦の修復は諦めていないこと、結婚継続するからこそ職場復帰が必要なことを必死に訴えました。私の意図を理解してくれる人も1人いましたが、入園が難しいことに変わりはありません。それでも4月からの入園が決まり、9か月になった娘を預けることができました。

保育園の個人面談では最初の担任に家庭事情を話しました。すると担任はより一層冷たくなり、必要な備品を提出しても「提出していない」と言われ続けました。5回目に言われたときに、レシートを探して持って行きやっと信じてもらえました。「ちゃんとしてない人」のレッテルを貼られたのです。備品を手渡した先生を思い出しましたが、その先生が怒られるかもしれないと思い言えませんでした。ここでも無自覚に我慢をしていたのです。

我慢はクセになるんです。

それ以来、園には相談や事情を説明することはやめました。ジャッジされるだけなら情報は伝えない方がいい。そして、ちゃんとして見せなければと頑張るのをやめました。レッテルを貼ってくる人に嫌われないようにエネルギーを使うより、自分や娘のためにエネルギーを使いたい。するとそれでも優しく見守ってくれてる先生が誰かもわかるようになりました。

――いーちゃんコラム――

このエピソードは【被害者なわたし】のときなので、わかってもらおう、優しくしてもらおうという考えばかりで行動していました。事情を説明したらわかってもらえると信じて生きてきたのですが、説明もうまくできなくなっていたのです。

我慢や自己犠牲はしなくていい（虐待の始まり方）

虐待の半数以上が『実母による子供を傷つける言葉』だとニュースで耳にしたことがあります。これを母親として「わかる」と言ってしまうと、虐待ママ扱いされてしまうかもしれない恐怖で、必死に隠す人が多いのではないかと思うのです。

「虐待は絶対だめ！」ってわかってることを集団で攻め立てるから、「助けて」と声を上げられず虐待が生まれる。「助けて！」が言えたら虐待にならないのです。つまり「虐待は絶対だめ！」が虐待を作っているカラクリ。

私も何度も自分が怖いと思ったことがありました。それはいつも旦那が帰宅したときか、義実家へ遊びに行ったあとのこと。

ある日、彼の実家で階段に夢中な娘と遊んでくれている義母の声が聞こえました。

「ママ下におるで。下行くか？　いらんの？　ママいらんの？　ママいらんの！（笑）」

この繰り返された「ママいらん」の何気ない言葉に傷つき、頭の中にこびりつきました。

こんなにも頑張ってるのに…と、悲しみと怒りが膨張したのです。

帰宅してから「抱っこして」と手を伸ばす娘に、いつものように応えてあげる気にはなれませんでした。パンパンに膨らんだ風船がこれ以上膨れずに割れるようでした。「ママいらんのやろ？　ママはもうしんどい。パパのとこに行って。あっち行って」まだ言葉もうまく話せない1歳の娘に大人気なく放った言葉に、自分自身も深く傷つきました。なのに悲しみはあまり感じなかった。すでにどっぷり悲しみの中だから。

パパは自分の部屋でパソコンしながら「ママのとこへ行け」と何も知らずに言う。行き場を失くしてオロオロした娘は、どちらに行くことも泣くこともせず、ソファーに両腕をのせ顔を埋めて静かに動かなくなったのです。

落ち着きを取り戻し娘に近づくと、やっと泣き始めました。虐待ってこうやって始まるのかな、と心の中でごめんねと呟いていた。

この出来事をきっかけに、私は頑張って「嫁」をすることをやめました。すでに手抜きのくせにもっと「ママ」をすることをやめました。感情も精神も「このままではヤバイ」と自覚したのです。エネルギーが枯れて娘を傷つけるくらいなら義実家へは行かない方がいい！

大人が無理な我慢をしなければ、子供も無理な我慢はしなくて良い。
この方程式の意味がようやく理解できました。我慢は我慢を生み出す。

娘の命の安全だけを守り、娘の幸せをひたすら願いながら、ただ生き延びてるキャパのないこのギリギリの状態で、今度は実母からまた私の育児を否定されました。その瞬間に「これ以上私を否定しないで！」と叫んでいました。

またキャパオーバーだ。グズる娘に「静かにして！」と八つ当たりをしました。一瞬にしてぐずるのをやめた娘。まだ1歳なのに空気を読む…。少しぐずりながら静かにうつ伏せになり、泣くでもなく抱っこをせがむでもなく寝転んだのです。あ、これ2度目だ、と思いました。仕方なく抱き上げたら、静かに笑顔を見せてきました。

どうしてこんな部分が私に似てしまうんだろう。ごめん。ごめん。ごめん。傷ついたときこそ笑顔になるママを見て育っている。エネルギーが失われると、自分より弱いものに当たってしまう。旦那が不機嫌をぶつけてくると、私は娘に不機嫌をぶつけやすい。不機嫌の連鎖を止めたいのにちっとも止められないどころか、不機嫌を自ら生んでいる。

娘の悲しい笑顔を見てすぐに、2人きりは危ないと思い気分転換に外へ出ることに。あんなに悲しい笑顔の直後なのに、ベビーカーに乗りながらすれ違うおばあさんやおじさんに手を振り愛想を振りまき、通り過ぎる人たち一人ひとりを笑顔にしていく娘を見て「凄いな」と思いました。足早に歩きながら、自分の気分が変わるのを感じていました。

傷ついて被害者でいることを選ぶ私に、それでも人に笑顔を向け楽しそうに喜ばせることを、巡り巡って1歳の娘が教えてくれたのです。

――いーちゃんコラム――

産後9か月から職場復帰している間は安定していましたが、事業閉鎖で職を失ってから心の安定を崩していきました。ストレスを減らすために変えたことは以下の通り。

義実家へは行かない、実家にも行かない。掃除や料理はやろうと思ったときだけ。

眠たければ寝坊して、保育園に遅刻しても謝ればいい。

こうして旦那のみならず、実母にも義母にも、そしてこども園にも嫌われていきました。

関係修復できる夫婦の秘密

どんなに仲良しな夫婦でも大げんかをすることはあります。相手を非難したり、侮辱したり、どんどん相手に打ち勝とうと戦うこともあるかもしれません。

それでも関係が修復できる夫婦には共通点があります。以下の4つのうちのどれか1つでもある夫婦は再構築の可能性はあると思っています。

①思いやり
②セックス
③結婚への幸せな概念
④夫婦ならではのユーモア

思いやりのある夫婦は相手を侮辱するような喧嘩はしませんし、セックスの合う夫婦関係も仲直りがしやすいですし、離れにくい。両親が仲良しだったり結婚に幸せなイメージを持ってる人は、結婚の前提が幸せなのでうまくいかない時期があっても何とか乗り超えて幸せに向かって進みやすい。

特筆すべきはこのユーモア。うちのような夫婦の場合、ユーモアがとても重要になっています。2人なりの『気分転換』というとわかりやすいかもしれません。

どんなに険悪な状態でも、「休憩タイム」が通用するのもそうですし、喧嘩の途中で笑いが起こったり、可愛い呼び名に変えたり、愛してると言い合ったり、次の日になればケロッと忘れてお互いにぶり返さない、とかもそうですね。

ダメダメだったウチの例で、説明してみます!

①「**思いやり**」

トゲのある言い方を反省し言葉に気をつけるようになった私。毎日は旦那に対するありがとうを探す練習時間。そして、いつか離婚するときにありがとうと素直に言えるように「してくれたら嬉しいことの種」を蒔きます。どうしたら喜ぶかを聞いても答えてくれない彼を喜ばせるにはどうしたらいいか? を考えては失敗しながら、思いやりを学んでいます。

今でも蔑むことを言われることもありますが、自分を取り戻した私は侮辱に対して感情的にならず「それ嫌だ」と言えるようになりました。すると彼の態度が変わって来ました。

②「**セックス**」

夫婦生活は浮気三昧でも続いています。相性は密かにかなりいいと思います。

③「**結婚への幸せな概念**」

彼は両親の不仲もあり結婚に対して幸せな概念を持ってはいないようですが、その分私が幸せな結婚の概念を広げています。浮気をされても幸せで居られる結婚の概念です。

今年は義母の誕生日に義父が旅行をプレゼントしたそうです。義母が穏やかに幸せそうで、彼も私も嬉しくなりました。つまり、彼の結婚の概念の根底が変化しつつあるのです！

④「夫婦ならではのユーモア」

夫婦ならではのユーモア『気分転換』が稼働しているから今があります。空気を変えようと何かを提案すると、彼は笑顔も見せない代わりに文句も言わず応えてくれるのです。

例えば、最悪の状況からレンタルビデオ、カラオケ、ボーリング、ハーゲンダッツのストロベリー、美味しい外食、スーパーでお買い物して料理…の流れはとても簡単。他にも彼の様子を見ながら、映画、温泉、公園、写生会、散歩、花見、神社参拝、誕生日旅行などの提案をします。私自身の愉しくなることの中から、彼も乗ってくれそうなものを選びます。

私が提案し（種を蒔き）、彼の気が向けば実現して（芽を出して）くれることが大半ですが、彼からの空気を変える提案も喜んで乗ります。私の好きなアイスを買ってきてくれるときや、お土産、プレゼント、レンタルビデオの提案がそれに当たります。彼は映画鑑賞が大好きで、レンタルビデオを借りるのは彼なりの気分転換。「一緒に観るか」と小声でも聞いてくれるので、小さな娘を抱っこしながら喜んで鑑賞してきました。夜な夜な夫婦で映画を観る時間が嬉しくて、険悪モードを和らげました。

1つに絞ってないのが、逆に私たち夫婦が継続してる秘密です。一切ルールがないのです。仲良しなときにルールを決めておくと仲直りはしやすいですが、それをどちらかが止めたときの衝撃はかなりの亀裂を生じることにもなるのです。

今では帰宅しなくても浮気されても、家族であり愛してると言えるようになっています。それは浮気をしないこと、家に帰ってくること、というルールすらないからです。

これほどかみ合わず、だからこそぴったりの学びのパートナーはいないとさえ思うのです。彼の無感情、無関心でも気分転換に応えてくれることや、思わぬ展開を楽しめる遊び心で成り立ってる夫婦です。まさに「夫婦ごっこ」（笑）。

この結婚のすべてがまるで2人だけの「ユーモア」なのです。

——いーちゃんコラム——

大切なのは「不機嫌で相手をコントロールする」とは別物であること。純粋に、お互いのユーモアを感じられる者同士で成立します。コントロールすべきは自分の感情。だからといって嫌な感情を抑え込むと、喜びの感情も同時に抑え込むことになります。まずは自分を上機嫌にすることをお勧めします。

第3章

絶望の果てに見えた世界

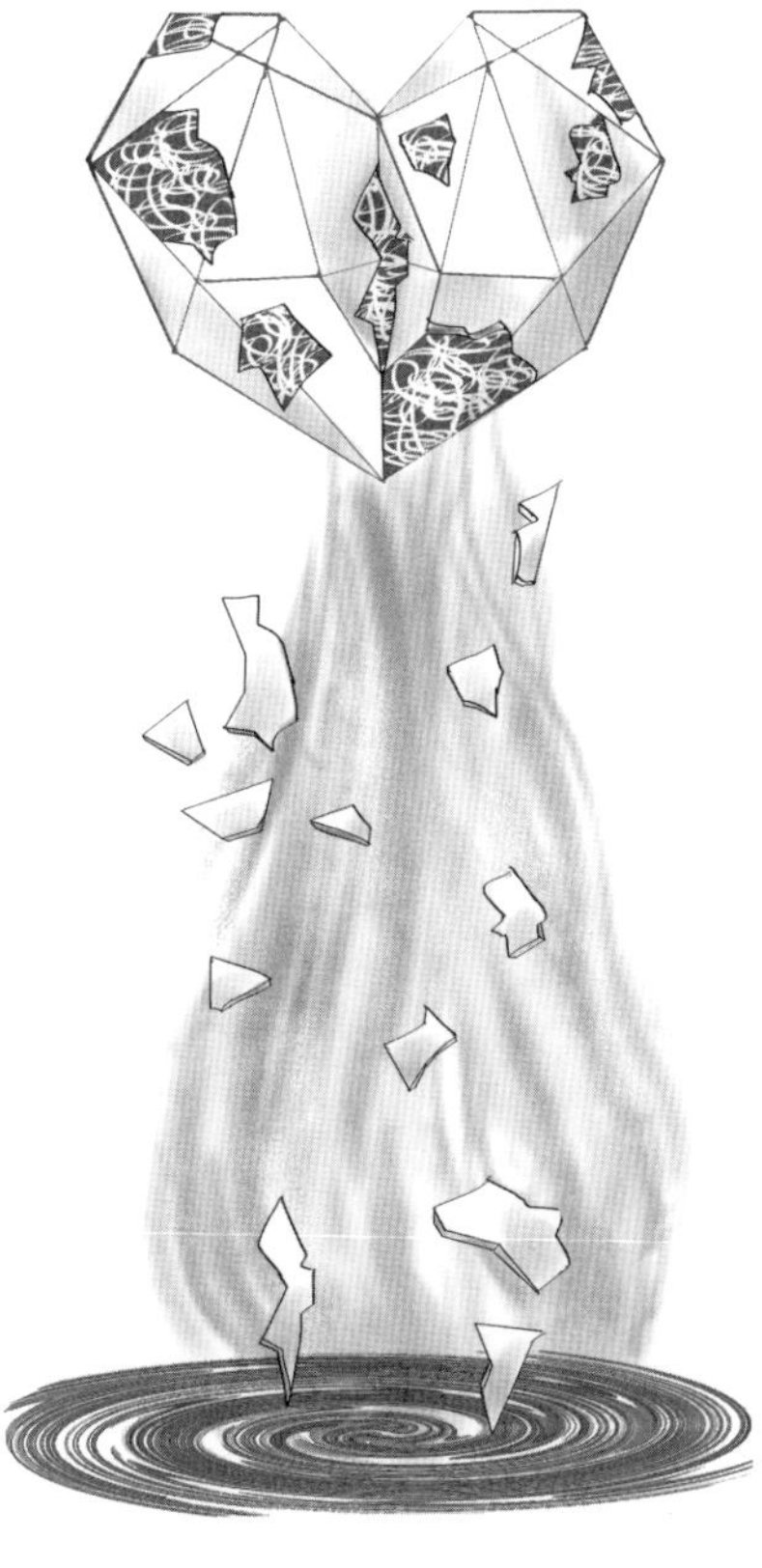

親子関係

　浮気の影響は自分を見失うこと。人間不信に陥ることが一番の打撃なのかもしれません。私の場合は、母親との関係が特に悪化していました。

「浮気されても家庭を守ってエライね」と言うかと思えば、「あんな人を選ぶなんてありえない。離婚して寂しい人生を送りなさい」と言う。母自身が私の人生に耐えきれないようでした。

「お金もいつまでくれるかわからないから貯金しなさい」「子がかわいそう」「お願いだから家で引きこもらないで」そして娘を預かるからダンスを習えと猛プッシュ。

　そうして産後すぐに始めたベリーダンスも2年後には「旦那さんを頼るべきでしょう」と言いはじめ、通えなくなってしまいました。

母までが敵になってしまった

産後の私をかなり支え、守ってくれた「言葉」があります。それは『最悪、子を捨ててもいい』です。捨てるというとギョッとしますね。

こんなにダメな自分に育てられる娘はかわいそう…虐待してしまったらどうしよう。どうしようもないときは、手放す方が娘にとっては幸せかもしれない。

こんな恐怖からの逃げ道を「お守り」として持つことで楽になる部分があったのです。あえて「捨てる」と言って悪ぶり、罪悪感を感じないようにするのです。もちろん人には伝わりません。

あれするな、これするな、そうじゃない、こうすべき、ああすべき…。会うたびに伝えられる母からの否定に耐えきれず、「最悪、子を捨ててもいいと思ってる」と口にしました。「そんなに私がダメならお母さんが育てたらいい。嫌なら施設しかないじゃない」

文句ばかりの母を傷つけるように、わざと悪態をつきました。母の答えは知っていた。「母親が育てるべき。年齢・体力的に自分は無理。習い事で忙しい」です。

私を批判して何が解決するのだろう？
こうしてストレスになり、お守りの言葉を口に出す状況に追い込むだけなのに。助けてくれないなら口も出さないで欲しい。

こんな私に育てたあなたに、育児なんて語らないで欲しい。
孫に可哀想というレッテルを貼って、誰が幸せになるの？　誰得？
いつまでも親を必要とするダメ娘を心配する母親、を演じたいの？

保育士の姉は0対百な性格の私をよくわかっているのか、そうならないと信じた上で「そのときは私が育てる」と言って安心させてくれました。この言葉も「お守り」になりました。

出産からちょうど1年経った頃、母は「骨折した自分の世話をしたくなかったから帰ってきてくれなかった」と言い出しました。産後、実家に帰らなかった理由は、手首を骨折してる母と認知障害の出始めた祖母の世話をする父に迷惑をかけないようにと考えたからでした。

もう無理だな。

妊娠中の苦しみ、浮気発覚、そしてワンオペでもなんとか生き延びてきたのを知っているはずの母まで、私の敵になってしまった。引き取って数年の姑、手首の骨折などもあり、母の方もストレス状態だったのです。

初めて、母が死んでも困らないなと思いました。悲しいけれど、ホっとするだろうなと思いました。

姉と弟に胸の内を打ち明けた時、2人の心が離れる音が聴こえるようでした。父は、自分の母親の世話をしてくれる母を守ることで手いっぱい。私が母をおかしくなったと思うように、周りは私がおかしいと思うようになりました。


真面目で常識的に生きる両親を、喜ばせる人生を送れない無力感。親の価値観では生きられない親への罪悪感と、こんな環境に産んでしまってごめんねという娘への罪悪感。ずっと前に、旦那と出会い感じた興味は、親の価値観から抜け出す人生へのワクワクだったのかもしれない……。

仲良し家族を演じるのを止めました。それでもまだ、自分自身の価値観で生きる私を親や姉弟には理解して欲しかったです。

男に母性を利用されたくない

「浮気はしてない。けれど万が一、よそで子ができたときは1度籍を抜かせて欲しい。生まれたあとに必ず籍は戻すから」

これが浮気のことを初めて問い詰めたときに、旦那に言われた言葉でした。

勃発した問題より最悪なことを提示することで、最初の問題がなんでもないように思わせる手法なんてあるのですか？　浮気のショックのあとに、「外で子を作る可能性」というWパンチを食らいました。人に相談しても、そんなこと言ってるだけで起こらないよ、と聞いてもらえずトリプルパンチ。

実際に彼の知人には4人の妻がいる人もいて、それぞれに子が生まれている。愛人と披露宴をした方もいます。実際、参加したビジネス塾では旦那を始め、複数の女性に子を産ませようとする男性の存在を私もリアルに見てきました。旦那の生きる世界が違いすぎて、当たり前が違いすぎて、人には私の悩みはわかるはずもなかったのです。

娘の父親として籍を死守せねば。浮気で離婚していられない！　万が一私に何かあったときのためにも、彼の実家にも娘を可愛がってもらわなきゃ。娘の居場所を確保しなければと考えていました。

ふと、もしかして子を守る女の本能を利用してる？　離婚するなら親権は譲らないというのは子を手放す母親の苦しみを利用して有利に離婚するため？　と思いついてしまった。「子を捨ててもいい」と言いながら「子は絶対に手放さない」という思いを握りしめていた私は、そのすべてを利用されてるように感じてしまったのです。精神状態が被害者意識でヤバイって、まさにこんな状態です。

「離婚するなら子どもを引き取りたがるだろう、お金さえ渡せば女は黙る」そんな男尊女卑の軽い考えがだんだん許せなくなり、そして決めました。


離婚したら娘は手放そう。


娘を捨てる本気の覚悟。すると娘と過ごす時間が、1人で育てなきゃいけないという「義務」から、一緒に居たいから居る「望み」に変わりました。娘との何気ない毎日が、一緒に過ごせる貴重な時間となり、幸せや喜びを感じる時間に変化したのです。主体的に生きる、に切り替わった瞬間でした。

それ以来、離婚をあまり考えなくなりました。離婚＝旦那とは無縁の人生＝娘との別れ、になったからです。

あなたが一番抵抗していることは何ですか？　受け入れてみると、意外な景色が観れるかもしれませんよ。

嫁マウンティング

一方、彼の実家。帰宅しないで自由にしたいことをして浮気三昧なことを打ち明けても、「金ないよりマシ！　浮気は甲斐性ある証拠」と義母。息子に毎月家のローン代や生活費を支払ってもらっている義両親はお金に苦労してきたらしく、浮気くらいで文句言うなという考えでした。母も義母も同様に浮気されたことがなくお金に苦労した方なので、むしろお金に苦労してない私の環境に嫉妬していたのかもしれません。

息子の稼いだお金で男遊びをしろ、と笑って励ましてくれる優しかった義母は、同居を断った瞬間に態度を豹変させました。お正月には椅子が1つ足りなくて、離れたコタツで1歳半の娘を抱いてお節料理を食べました。その場で泣かないようにするだけで必死でした。旦那はわざとではないと言いました。

久しぶりに義実家へ娘を引き取りに行ったある日のこと。今回も旦那から突然育児を任された義母の不満が、そこで爆発したのです。

旦那の勧めでビジネス塾に入り、「子は俺が見るから」と2か月に1度国内や海外へ学びに行かせてもらってる間も、旦那から突然娘の世話を任されていて不満が募っていたのです。

「いづみが全部悪い、いづみが非常識だ、と娘といつも話している」

私の名を呼び捨てにし、義妹と2人でこの結婚のすべては私が悪いと結論を出してると聞かされました。その場にいない誰かをターゲットにし文句を言ってる義母を今まで見てきたので、今私がこの家族にとって最適なターゲットなのだとすぐに理解できました。

誰から番号を聞いたのか？ 少し前に義妹から電話があり、夫婦生活の有無を聞かれ、有ると答えると「兄は浮気してるのに関係をもてるなんて女のプライドないんですか」と言われたことを思い出しながら、2人の会話が想像できました。

そして話は本題へ。「子守を突然お願いされても困る。息子の行動を変えることはできないから、あなたが変われ。息子へ依頼するときは先に自分にお伺いを立てろ」ということでした。

普通はありがとうというべきだ、服やおむつの準備が不十分で買う羽目になるという苦情に続き、母親として失格だ、嫁として妻として母として非常識すぎる、普通は子を置いて海外になど行かない、と人格全否定が続きました。

それはごもっともなのだけど、旅でも勉強でも子は引き受けるから好きなことをしろと、言ってくれていたのは旦那本人。そもそも旦那が義母にお願いしていたことも知りません。
「その約束はできません。無理なら彼に断ってください」
ひきつる笑顔で言葉を絞り出し、なんとか家を脱出したのは2時間後のことでした。

うつ症状の始まり

全否定された2時間を体験して以来、気分がすっきりしない日が続きました。常に頭に靄がかかっているみたい。人を全否定した経験もされた経験もなかったし、人がするのもされるのも見たことがなかった私は、全否定の影響力を知ることになります。

私の世界の何かが変化していました。感情の動きが鈍くなり、五感も鈍くなったようでした。それでも人とは話せるので、その変化に気づく人は誰もいないのです。

追い討ちはまだ続く。義母と私の言い分が違うことが発覚し、旦那が「自分の母親が嘘をつくはずがない」、だから私が嘘つきだと言い始めました。嘘つきの家族に嘘つきと言われるショーゲキったらもう……。

このままではどんどん自分を見失う。危機を感じて、「自分ビジネス」というグループコンサルを受けることにしました。自立しなきゃという焦りと、アダルト・チルドレンかもしれないと思っていた自分を助ける意味もありました。(実際はアダルト・チルドレンは機能不全家族で育った子供なので、常識で固められて違和感を感じてた私は逆アダルト・チルドレンなのかも?)

コンサルでは「ひとりエッチをしてみて」「自分の大好きなことをしてみて」「ダンスをやめたのも原因かもしれない」ビジネスどころではないとのことでした。行動しなきゃ、と、とにかく言われたことをやってみることにしました。

性欲なんて一切沸いてこない。何が大好きなことかもわからない。かつて大好きだったアフリカンダンスを踊るために、娘を連れて片道4時間運転して長野県まで踊りに行きました。人生初挑戦の長距離運転は、いつもとは違い全く怖くは感じない。動かないで落ちていくことの方がよっぽど恐怖だったのです。脳内では緊急アラームが鳴っていて、踊っているととても楽しく温かい時間を過ごせましたが、その場を離れるとまた元に戻るように闇に落ちていきました。

そんな状態で2か月ほど過ごした頃、さらに追い打ちをかけるように「幸せ家族だけはしたくない」と旦那の告白。彼の言い分は頭では理解できました。多くの人がするように「家族のためだけに生きて、人生に挑戦せずに終わる」のは嫌だと言ってるのです。

彼の思考を理解するためにビジネス塾へ入ったからこそ理解できたのかもしれない。稼ぐ男性たちがどれほど少年のように楽しそうに稼ぎ、どれほど軽やかに女性口説きを楽しんでいるのかを目の前で沢山見てきたのです。それでも、家族を大切にする姿も垣間見てきました。本物の成功者ほどなんだかんだいって家族を大切にする印象も芽生えていたのです。そこには妻側の理解が必要なことも見え始めていました。

さらに、今まで浮気は明白でも「してない」と言ってくれることに愛を感じていたのに、「浮気してるよ。それがなんやねん」と認められてしまう。「確かに……それがなんやろ?」なぜ浮気がダメなのかすぐには答えられなかったのです。


感謝されたいと思っていたわけではなく、いつか家族のありがたみに気付いてくれるとどこかで信じていました。彼が本物の成功者になるためにも、普通のにいちゃんからギラギラになっていく変化を見てきて、誰よりも彼の可能性を信じてる私の応援は必ず役に立っと思っていたのです。いつか彼が一息ついたとき「家族がいて幸せだ」と喜ぶ日が必ずくるといつの間にか期待していたのです。

そんな未来に向かい、今まで色々乗り越えてきたような気がします。まさか幸せ家族だけはしたくないなんて人、存在するとは思いもしなかったのです。

喜ばせるどころか、迷惑がられていた。この現実により、進む方向を見失いました。

Q、**浮気がダメなのはなんでだろう？**

コミットしたのを守れないから？　↓気が変わることもあるよね。

家族になったから？　↓浮気しても家族は家族だし。

それが常識だから？　↓場所が変われば常識も変わる。

子を守るため？　↓父子の愛情は紡げている。

経済的事情？　↓生活費はくれてる。

A、私が悲しいから。外で子を作られるのが嫌だから。

浮気を許せても、許せないことがある。人格否定だ。

家族には伝わらないSOS

追い討ちはまだ終わりではありませんでした。そのまた1か月後、ビジネス塾メンバーの飲み会が開催されました。メンバーの1人が、「ウチの嫁抱いて良いっすよ」と旦那に言われたと話し始めたのです。その場の誰もが旦那にドン引きし、私はショックのあまりそこからの記憶があまりありません。笑って過ごして帰宅したと思います。水曜日の夜のことでした。

妊娠初期が一番のどん底だと思っていました。その下があったのかと思いながらどんどん泥沼の中へと沈んでいきました。ここまでくると娘と一緒にいるのが危険な気がして、翌日の木曜日は実家に娘を置いてひとり帰宅しました。とにかく娘の安全を確保したかったのです。

娘を送ってきてくれた父に玄関で「今の私は危ない」「娘は一緒にいない方がいいと思う」と必死に訴えてはみたが、父はそのまま帰宅してしまいました。うまく言葉にならず危機感が伝わっていないのか？　それとも、親として子の面倒を見るのは当たり前ということなのか？

次の日も娘を預けるも「お母さんが怒るから」と父は言い、私の危機に耳を傾けることなく娘を置いていきました。最後の砦である両親に伝わらないＳＯＳ。これ以上どう伝えればいいのかわからないのです。

車でどこかへ行きたいと感じても、すでに死にたい衝動が始まっていました。今車に乗ると危ないことが自分でわかるのです。信頼する友人が心配して「いつでもおいで」と言ってくれたけど、高速を車で飛ばすと確実に事故る自信がある。動かないことで娘の命を必死に守っていたのです。娘はママの異常事態を察知し、ずっと甘えずに我慢してくれていました。

そんなタイミングの土曜日、弟が企画した父の誕生日会が実家で開催されました。親戚として仲を深めようと旦那も一緒にと誘われました。気が乗らず、行きたくない。余計なことをしないで欲しいとすら思いました。綱渡り状態の微妙な夫婦のバランスを崩さないで欲しかったのです。

それでも父の誕生日パーティだから行かなきゃと頑張り、直前に帰宅した旦那と一緒に実家へ顔を出しました。

旦那がいる私の実家で「ウチの嫁、抱いていいっすよ」と言われた話題を口にしました。

ずっと頭で回り続け、そろそろ旦那の言い分を聞きたかったのです。冗談なら冗談だと言わせたい。２人では会話にならないからこそ、家族のいる前で対応させたかったのです。家族は私の味方のはずでした。

それは見事に吹き飛ばされ「オネエが『私抱きたい人ー♪』って手をあげて言えば良かってん」と笑って言った弟。空気を読んで笑って返そうとした瞬間、ブチッと何かが壊れてしまい、気がつけばお皿を割り、我を忘れて泣き叫んでいました。

誰が私の味方をしてくれる？
誰がわかってくれるの？
誰がこの男がおかしいって言ってくれるの？
誰が私を信じてくれるの？
どうしてここでも私が悪いの！！！

暴れる私に娘が近づいてきた。危ないから来ないで。私は足で尻もちをつかせ、娘を蹴るようなパフォーマンスをわざとした。それを見た弟が突然ブチ切れ、「そんな歳にもなって人に理解されたいとか甘えるな！　誰がお前なんかわかるか！」と殴りかかる。ピアスは飛び、耳からは血が出ていた。首を締め上げられ玄関まで押し出された。カオス。

私は一切抵抗せず、力を抜いてただ首を絞められていました。両親も旦那も、誰も弟を止めませんでした。

そのタイミングで実家へ来た義妹が驚いて弟を引き剥がしました。今度は父が私を捕まえて「何があっても子に手を上げてはいけない」と説教を始めました。「何を言ってる？　うずくまる私にお父さんお母さん2人で同時に蹴って叩いたくせに！」というと、「お父さんはそんなことはしていない」と否定。私だけでなく、当時その場を見ていた姉だって覚えてる衝撃の光景だったのに。

旦那が気の抜けた声で「コーヒー入りましたよー」と言いに来ました。私はバッグを手に取り、小雨の降る中そのまま静かに家を出ました。

雨宿りしながら、どこかのプレハブの裏でしゃがみこみ30分くらい経った頃？「大捜索みたいになってんで」と旦那から連絡がきて、「心療内科に連れてってくれないならう死ぬ」と返事をしました。「明日連れてくわー」という返事にホッとして道路に出ると、自転車に乗った父に遭遇しました。

「お父さんは蹴ったりしていない」

第一声に衝撃を受けました。ここまできて自分を守る？　私は大きな道路に飛び出しました。車が来ても構わなかった。他人へ迷惑かけることに対して申し訳ないとは、そのとき思いつかなかった。とにかく父から遠くへ行きたかった。

幸か不幸か車は来ず、父はそれ以上追いかけては来ませんでした。

精神病棟から見えたこと

絶望は死をもたらす

次の日、いつ心療内科に行くのかと待っていたら「時間的にもう遅い」と旦那。こんな状態でも約束を破り大切にされない。存在無視のみならず「ホームパーティを台無しにしたんだからご両親に謝りに行け」と言う。拒絶反応で身体がおかしい。謝って欲しいのは私の方だ。あなたにも、あなたの家族にも、私の家族にも。


「絶対にイヤ。私は両親や弟とは縁を切る。もう2度と会わない」

「なら俺はお前と縁を切る」彼はそう言い捨て、車から降り娘を連れて家に入って行った。

今いる場所がわからない。家族より旦那を選んだ未来も消えた。絶望、ってこれかな。

初めて体験した希望のない世界。どの方向にも、一歩も踏み出す道がない。光が見えない。なんで？　なんであなたが私と縁を切ると言える？　誰が始めたのよ？　それでもこの環境をどうにか乗り越えようと前を向き、自分の生まれ育った家族よりもこの家族を選び、幸せだった私から笑顔を奪っておいて、縁を切る……？

家に入ると包丁が目に入った。最近見たドラマで旦那を刺すシーンを思い出す。同じように手に取ってみた。音のない世界。感情が湧かない。娘を抱いた旦那に刃を向けた。もう、これ以上馬鹿にしないで欲しい。まるで透明人間のような扱い、無関心。刃物を持つと透明ではなくなるらしい。2人の怯える顔を見て我に返った。私は人を傷つけたくはない。2人に背を向け、自分のお腹めがけて両手で力いっぱいに振りかぶる。（嫌だ！　やめて！　痛そう！）心で叫んだ。でも体は止まらない!!　痛み——がない？　後ろから間一髪で旦那がキャッチしている。驚いた。力が抜けた。死んで欲しくはないのか、と新発見な気分を少し感じていた。

その瞬間、私の手を押さえたまま旦那は警察に通報。ショックを受けながら、未来はもうないんだと受け入れた。静かに洗面台へ向かい手首に刃をあてたけど、もう本気で死ぬ気はなかった。手首に細く赤い血の線が浮かび上がっただけだった。

間も無くしてパトカーのサイレンが聞こえ、警察官がたくさん家に入ってきた。事情聴取が始まり、パトカーに乗せられた。警察署でも何度も同じ話を繰り返させられ、2人の言い分に矛盾点がないか、確認しているようだった。ここでも信用されないのかと腹が立ってきた。やっと矛盾はないと判断されたあと、念の為といって精神病院へパトカーで連行された。

「もう落ち着いてるので入院してもしなくてもどっちでもいいですよ」と言う医者の言葉に、「どっちでもいいです」と一瞬も悩まず答えた旦那にムカついた。とっさに「入院します」と口走った。怒りで攻撃的になっていた。

部屋へと向かう間に患者の姿を数人見ながら、鍵のかかった重い扉をいくつも通るうちにだんだん怖くなってきた。「やっぱり帰ります」と言うも、時すでに遅し。看護師数人が私の手を掴み、暴れないようにと対応した。「こうやって病人を作り上げるんですね」と看護師をキッと睨んで毒を吐いた。私はすでに精神病棟の入院患者だった。

旦那と娘はご飯を食べに行くと言って帰ったと聞かされた——。

――いーちゃんコラム――

警察で「刃物を持ったのがダメだった」と教えてもらいました。何を持とうが投げようがなんとかなるが、刃物は別格でアウト。子の目の前だったのもアウトでした。虐待の可能性ありとして警察から子ども家庭センターに連絡がいった。旦那が被害届を出せば、私は逮捕される立場となってしまったのです。

完全に自由のない世界

精神病棟の個室は簡易ベッドが置いてあり、トイレと洗面台付きで扉には外から鍵がかけられた。テレビと目覚まし時計は届かないような高い場所にあり、壁に埋め込みのケース内に設置されていた。天井には監視カメラと思われるセンサーがある。ブラジャーとリボン＝紐状のもののついた洋服を没収され、夕食なしパジャマなしで一夜を過ごすことに。どこかまだ旅行気分だった私は、コンタクトレンズを入れる容器が欲しいと看護師に伝えた。すると、置かれていたプラスチックのコップを撤去され紙コップを渡され、「コンタクトレンズの許可はおりました」という返事が返って来た。

すべての選択権を失った。失って初めて、今までどれほど自由だったかを思い知る。どうしてもっと感謝できなかったかな。反省もよぎるけれど、ここまで頑張った自分をこれ以上責めないであげたかった。誰にも認めてもらえなかったからこそ、自分を認めてあげたかった。私が娘のことを誰より考え守ってることを信じて欲しかった。そしてこの結婚にベストを尽くした達成感。最後ちょっと間違えちゃったけど、気分はスッキリ清々しかった。

精神病棟に入院した以上、離婚すると言われてもおかしくない。親権も失うだろう。生まれ育った家族にはもう二度と会う気はない。私にあるのは少しの貯金と時間だけ。これから本当の意味で生まれ変われる。不思議なほど後悔はなく、過去より未来へ意識が向いた。

入院3日目、すべての可能性を考え尽くした頃に担当医と旦那と3人での面談。退院後の生き方についてだった。すでにシナリオは決まっていたらしく、私が実家に頼って生活をするしかないということだった。「旦那さんは出張が多いとのことなので」と言った担当医の言葉で、社会的な見せ方をわきまえてる旦那の賢さとズルさを思い出した。

「親とは縁を切ります」と言葉にすると、思わずしくしく泣いてしまった。

「本当は今日、退院の予定だったのですが…この状況では退院させてあげられません」

もどかしそうに担当医が言った。

1週間後は私の誕生日で、その3日後は旦那の誕生日。彼の誕生日に出発する旅行手配が済んでいた。旦那が担当医に言った。「旅行に行く予定で。何とか退院できませんか？もしくは外泊許可でもいいのですが」衝撃が走った。彼は旅行を諦めてはいない。たまらなく嬉しかった。外泊はできて1泊のみ、今日は退院させられないとのことだった。

面会室を出た瞬間に、「しっかりしろ。旅行前日までの退院を目指せ。泣くと出られないぞ。ニューカレドニアに行くぞ」親身になって応援するのとは違うけれど、彼の諦めてない想いがスイッチを入れた。目標が出来た途端に力が湧いた。

彼が帰ると突然大部屋へと移された。個室ではテレビの許可も出て、禁止されてるタオルもこっそり枕の下に1枚忍ばせ便利になり、10時－16時のみ鍵が開く環境にもすっかり慣れていた。読みたい本もあり、何年ぶりかの自分だけの時間を愉しんでいたので、戸惑った。

閉鎖病棟にも段階があり、ベッドに繋がれた状態の個室、時間など条件付きで廊下に出られる個室、そして向こう側の大部屋。大部屋は常にドアが開いていて、団欒スペースはとても広く取られていた。女性側と男性側に分かれているが、行き来が自由な空間だった。真ん中の個室エリアから、突然開放的な空間への出世だった。人がたくさんいる空間に戸惑った。ほぼ毎日、ストレッチやバドミントン、ビーズ作成やカラオケ、写経、漫画や本の貸し出し、革細工など作業療法士さんが開催してくれるクラスに参加することができた。

看護師さんに参加したいと担当医への伝言を頼むと「色んな方がいらっしゃいますが大丈夫ですか?」と心配して話をしに来てくれた。懐かしい温かい感覚に励まされ、「家族以外ならどんな方でも大丈夫です」と即答し、毎日楽しく過ごしていった。


実際、他の患者たちと関わりが増えていくと驚くことも多かった。そして、ある傾向に気がついてきた。それは優しい人が多いこと、そして思い込みが激しいことだった。その優しさとは、親や世間、友人からの言葉に影響されやすい部分のように感じた。優しさゆえの無意識の「自己犠牲」だ。

その反面、一度敵対視すればそのレッテルを貼り、周りに広める傾向もあった。自分の身を守るために身につけた方法なのかもしれない。相手がおかしいのだとレッテルを貼ることで自分を守る「思い込み」。明らかに乱暴な子もいたが、こちらに敵意がないことを見せていると好意的に早変わりした。女子同士では噂話に同意しないでいると無視が始まり、マウンティングに乗らず気にせず楽しく過ごしていれば元に戻る。人より少し怖がりなだけ。とても繊細な世界で生きてる人たちの繊細な心の動きが、繊細な私にはよく理解できた。

繊細だからこそなのか、こちらの心の状態が現実に反映されるスピードは外よりとても速かった。誤解されやすくわかってもらいにくいだけで、本来素直で優しい人が多かった。気がつけばとても楽しく、毎日たくさん話して笑う時間を過ごすようになっていた。この数年間の、話し相手がいなくて孤独な自分がウソのようだった。

私はただ、こうして笑って話したかっただけなのかもしれない。

――いーちゃんコラム――

病棟で知り合った中に〝ライトランゲージ（光の言葉）〟を話せるという若い子がいました。彼女の話は面白く、話を聞いてるとどんどん距離感が近くなりすぎて、結局こちらから距離を置くことになっていきました。周囲にも不思議ちゃんと認識されたあとには、泣き叫んでいるのを見て気の毒になりました。私はなれなかったけれど、誰か1人でも身近に理解者がいれば心を壊す人は減るだろうと思う出来事でした。

握りしめた「思い込み」に気づく

仲良くなった患者さんたちが、なぜ入院してるのか心の中を聞かせてくれた。共通していたのは、それぞれが自分を苦しめる思い込みを握りしめていることだった。「それはあなたのせいじゃないよ」とはたから見ればわかるのに、本人はそれをわかった上でも手放せないと握りしめる。優しいからこそ自責の念にかられ、人に気を使い、自分より他人を優先させる。自分とは全く違う行動をされることで傷つくからこそ、今度は自分を守るために攻撃をし始めるように見えた。

それぞれが苦しみを握りしめ、これを手放してはいけないんだと思い込んでいるようだった。「苦しみ」を握りしめる沢山の姿を見て、「まさか…私もか！」と握りしめてる思い込みに気がついた。

「彼を愛さなければいけない、離婚したら生きていけない、娘が可愛そうと言われてしまう、離婚したら娘とは会えなくなる」と思い込んで苦しんでいたのだ。

この思い込みはまるで、渦にのまれないように必死に岩にしがみついてるみたいなものだった。のまれてしまうのがとても怖い。渦のその先を知らないから怖かったのだ。手放して渦の中に入ってみると、そこは自分の中心だった。

死を覚悟してすべてを失い、見えてきたこと。それはただ彼を愛していること、自由でいたい自分、そして母としての自分の存在でした。死んでしまえば、一番守りたかった娘から「母の温もり」を奪う本末転倒な事実に気づき驚愕した。

ただ彼を愛し、自由でいたくて、それでも娘を愛してる。渦の中はまるでナウシカの腐海の森の下に、浄化された空間があるみたいな感じ。掴んでいた思い込みは、親や世間の常識や、他人に見せられた恐怖だったのだ。

再び家族、そして結婚について

本当の謙虚さとは

入院中にこんなことなら嫁くらいすれば良かったなと、ふと思いました。旦那の望みは「母親を幸せにすること」だと途中からわかっていたのに抵抗した私。もう無理だろうけど、もし旦那がもう一度チャンスをくれるなら彼の大好きなお母さんを喜ばせようと軽やかに思えるようになりました。

自分側を蔑む謙虚さではなく、相手を立てて敬う謙虚さを持とう。自分側を下げて相手を立てることに、もううんざりでした。

「バツイチ、年上、高齢出産なのに、どうして娘と結婚してくれるの？」結婚の挨拶に来た彼に聞く母の言葉にびっくりしました。ホームパーティで、客であるアウェイな旦那を気使うために私を下げた弟。その弟を守るために「弟がどんなつもりであんな風にしたかわからないのか」と私を責める母。娘のピンチより自分を守る父。母からのみ話を聞き「感謝が足りない、娘を見てもらうお礼に親にお金を渡せ」と口出ししてくる姉。お金も渡していたし、受け取るのを拒否するのも親だったのに。そんなすべてにうんざりでした。
「常識的に、ちゃんとしなさい、人に迷惑をかけてはいけない、家族が一番大切」そんな家族が自分側を下げる謙虚さを正しく実践して、最後は私を下げる結末に薄っぺらさを感じてしまったのです。

逆に息子がどんな仕打ちを嫁にしても絶対に自分の息子の味方をする義母を、「いいお母さんだな」と思いました。もし義母が私のお母さんだったら、目一杯私の味方をしてくれただろうなと想像したのが、嫁くらいすれば良かったと思うきっかけとなりました。

――いーちゃんコラム――

「嫁をしよう」と決めた私に、変化が起こりました。入院中に娘の世話をしてくれたことに、心からごめんなさいとありがとうの感謝の気持ちを持てたのです。退院後、彼の実家にお邪魔して夕食をよばれると喜んで食器を洗いました。置いといたらいいと言われても「明日の朝、食器がない方がきっと気持ちいいので」「美味しいお料理をありがとうございます」と心から言葉が出たのです！

今までは「やらなくていい」と何度も言われるし、やらないと不穏な空気になるのが面倒くさく感じていました。彼と同様に「ありがとうを言わない人たち」だと思ってたのです。

ありがとうと心から思っていなかったのは私でした。感謝の心が戻ったとき、感謝の世界を映し出せていたのです。

愛人契約

離婚してもおかしくない中、彼は「離婚するつもりはない。あれば警察で被害届を出していた」と言いました。とても嬉しく、旅行に向けて退院するのが楽しみになりました。

――次の日、彼は豹変していました。

「今は1ミリも愛していないし、これからも愛することはない。だけどもし、俺の思うように変われるのなら、このまま結婚は続けられる。変われないなら、プライドが許さないだろうから、そっちから離婚を言い出して欲しい。どうせ金のための結婚だろう」

「愛人契約として、今まで通りの生活と生活費を支払ってあげる。情はあるので、慰謝料も支払うつもり。親権は俺が持ち、そっちも自由にしたいだろうから娘は母親に世話してもらう。男を作ってももちろんいい。ただし、自分からのセックスを拒むようになれば愛人契約は解除する。旅行は離婚旅行にしよう」

キョトン、です。びっくりです。聞いてて笑ってしまいました。

「離婚しないのは好きだから。家族として一緒に居たいから（笑）。これでも私はあなたを愛してますよ。でも、愛人契約の提案ありがとう。面白かった。嫁、やってみるわ！」

今度は彼がキョトンとする番でした。彼はずっとお金のために関係は続いてると思っていて、私はずっと彼と娘を愛することと向き合ってきた。なんというすれ違い夫婦なんだろう。

「なんで1日でこんなに言うこと変わったの？　何かあった？」と聞くと、前日に義母と義妹から離婚しろと強く責められ、夫婦のことは夫婦で決めると2度キレたと話してくれました。

あんなに大好きな母親にキレたことを思うと、そのありがたみをかみしめました。「あんなに言っても離婚しようとしないってことは、意味がわかったと思う」とまた小声で言いました。

それは本当は私を愛してると言う意味ですか？（笑）

その代わり、義母には私から謝れと。少し前にあった彼の祖母のお通夜のときから私がおかしいと親族みんなで話をしてたと言います。うつ状態でのお通夜と葬儀はとても辛かったのを覚えてる。死に化粧をしたお顔を「おてもやん」と言って笑ったり、お焼香の用意がされても誰も動こうとしない空気に耐え切れず、「この親族に見守られて人生を終えるのは絶対に嫌だ」と思っていたことを思い出しました……。

それがここまでくると、死ぬ瞬間や葬儀のことなんてどうでもよくなっていました。嫁をやってみよう！　と決めただけでなんだか幸せな気持ちを感じていました。何を謝ればいいのかわからないけど、ぺこりと謝っておこうと思いました。

――いーちゃんコラム――

「もう1回嫁をやってみる」と決めた私に一番驚いていたのは、実は担当医でした（笑）。「まだ頑張るんですか？　あまり無理しないでくださいね」と言ってくれたのが最後のひと言。病名をつけず、薬を飲まずに済んだのは、この先生のおかげだったと心底思います。

血迷った勢いで入院しましたが、ここでの経験が「出版」という夢を持つすべての始まりとなりました。

親との関係に苦しむ人たち

精神病棟で出会った人たちが抱えていたものは、入院することになった理由だけではないようでした。話を聞いてると垣間見える親の過保護、過干渉、条件付きの愛、ネグレクト。心の中を話してくれた数人だけでも、驚くほど親で苦しむバックグラウンドを抱えていました。薬で穏やかに過ごしていても、聞こえてくるのは「信じて！」という心の叫び。自分を苦しめる親の場合、可能な限り距離を取ることをオススメします。（これが難しいんだよね！）

楽しすぎた入院から涙のお別れで退院したあと、私はまた孤独に戻りました。外の世界がとても怖く感じてしまい、以前よりも家族に心を閉ざしました。退院後も警察から旦那に連絡がきており、心療内科に通うべきという警察のプッシュで紹介状を持って新しいクリニックへ通いました。やはり病名はつかないこと、そして無理やりつけるなら「適応障害」だとここでも告げられました。

「しんどい相手とは距離を置くこと」「ゆっくり休息をとること」「まだ無理して働きに出なくていいこと」を先生から言われました。母はそれでも早く勤めに出ろと会うたびに言いました。母は私から娘が奪われないように、必死に守ってくれていたのでしょう。子を育てられるように早く仕事を見つけなさいと願いを込めて言っていたのです。その言葉は私をただ苦しめるものでしたが、言葉は不要で信じるだけでいいことを、母は知らないだけでした。

自分を信じられるようになると、「人は人」と思えるようになる。

【自信】を失うから人が信じられなくて、意見の相違が否定に感じてしまう。

ゆっくり休息をとり、自分を大切にすることを心がけていきました。

育児で癒される愛情

私の母は、スキンシップもなく褒めない育児をして私を育ててくれました。1歳年上の姉より物覚えが良かった私に危機感を感じた母は、必死に姉を褒めて育てたのです。長女として生まれた母は、長女としての姉の威厳を守ってあげたかったと高校時代に謝られました。その時に「両親も育児が初めてだったんだな」と思ったことを覚えています。

私の虐待スレスレのワンオペ育児は、この子供の頃の記憶のおかげで乗り越えられました。スキンシップをたっぷりとり、私がかけて欲しかった言葉のシャワーを毎晩言いながら眠るのです。「かわいいね、大好きよ、生まれて来てくれてありがとう、あなたは特別な子よ、ママの一番かわいい人、一番大切な人、あなたは何があっても大丈夫、覚えておいてね」

いつ終わってしまってもおかしくないママとしての時間。だからこそ、小さな娘の記憶に刷り込もうと毎日伝え続ける習慣ができました。すると不思議と、自分自身が癒されていく感覚になるのです。まるで、自分が母から言われてるような錯覚を起こしたのです。

何とも言えない幸福感を感じながら眠りに就き、朝もゆっくり「ママの大好きな○ちゃん、おはよー」と伝えながら娘を起こしました。この時間と心のゆとりは旦那のおかげだと思えるようになりました。まるで朝と夜でオセロをひっくり返すように、1日をこの温かい気持ちにひっくり返していくような人生になっているのです。

思い返せば小さい頃、母の代わりに姉が私を可愛い可愛いと言ってはハグやチューをしてくれていました。スキンシップのない母親のせいで愛情不足になったという怒りと、親をよろこばせられない罪悪感を持った自分というのはすべて自分で作り上げたストーリーだったのです。アイタタ（汗）

どんなに傷つき苦しんでも、こうして乗り越え幸せを味わえることを知ってしまった私は、娘も何があっても乗り越えられることを確信しています。大きくなってからどんな気持ちだったとか、娘なりのストーリーを聞くことが楽しみで仕方がないのです。

結婚はまるで交換留学

浮気をされたおかげで、心の変化の流れを体験できました。

海外で文化の違いに触れて「こんなのおかしい！」と言ってもどうにもならない。郷に入っては郷に従えです。比べること自体が無意味なことで、いいなと思うところを自分の人生に取り込むだけ。「日本の方がいい国だ！」と叫んで、誰が日本に好感を持つだろう？

結婚って水面下で「自分の親の方が優れてる」と言いたくなる機会がしばしばあります。それぞれの家庭での価値観の違いが、ことあるごとに出てくるのですから。「自分の親がおかしい」とは思いたくなくて、お互いに自分の実家を守る力が働くのです。もしくは、逆に自分の親を毛嫌いすることもありうるのです。

それを乗り越えて「自分たちの家庭の価値観」を作り上げていくのが、もしかしたら結婚の一番の楽しみどころなのかもしれません。

振り返ってみれば、結婚当初は義母はリストラにあい、義父は脳梗塞で失語症になり、義妹は行方不明という大変なときでした。一方私の母は骨折に祖母の世話、父はまだ勤めに出ていましたし、両親に殴って蹴ってされたのは中学生の時に「勉強しろ」と言われてのものだったので状況が違い、弟は職場で責任が増えてストレスフルな状態のときでした。旦那はビジネスで大きな挑戦を始めた頃で、そのストレスを私は支えてあげられませんでした。

自分のことで精一杯で、それぞれの抱えた問題が一切目に入らず、すべてを悲観的に受け取ることでみんなの心を乱していったのです。

どちらの両親とも一度完全に崩壊し、思わぬ形で良好な関係になれた今、4人の両親にはいつまでも元気に幸せでいて欲しいと思えるようになりました。

現在は義母も勤めに出て、義父はリハビリ生活を楽しみ、義妹は立派に自立しています。父は退職したことで孫の世話を喜んで引き受けてくれるようになり、母も私の自立を応援し習い事を楽しんで上機嫌なことが増えました。弟家族とは一緒に海にお出かけしたり、ともに育った小さい頃の記憶を思い出したことで姉弟への強い愛情は元に戻りました。

両親が不在のときには旦那が「俺がどうにかするから」と言ってくれ、「ではお任せします」と言いながらも自分から義母に見て欲しいとお願いし、感謝を伝えるようになりました。感謝の心がすべてを変えたように思います。

浮気されるということは、単に旦那が他の女に行くという話ではありませんでした。家族をここまで巻き込み、互いに「非常識」と言い合う事態となったのですから。浮気されてすべてを失う経験が出来たことで、両家の戦いもジャッジも要らない世界に来れたのです。浮気される女にも責任があると言ってきた方は、いつかその知らない世界を理解するために自分の身に起こるかもしれないと思ってみて欲しい。なにを隠そう私自身、浮気される方にも問題があると言ってきたのですから。猛反省です。

それに、小さい時から母に「こうして欲しかった」という思いをしつこく抱えていたおかげで、娘にはそうしてあげられるのです。何が役に立つのか、わかりませんね。

ここまで壊れた私でさえも、こうして出版という夢を叶え、無事に生き延びてるのですから諦めなければ何でもOKだということです。

だから今、どんなどん底にいる人も大丈夫。気が向けば第6章を試してみて、時が来るのを待ってて欲しい。起こることのすべてはどうやらあなたのシナリオ通りなのです。出会う人を選び、自分を幸せに導くサインに自分で気づいてあげて。そして、自分の望みは自分で叶えるのが実は一番簡単で早いです。

最後に残るのは心の自由

閉鎖病棟ですべての自由を失った経験のおかげで、自由とは選択できることだと学びました。食べ物、洋服、お出かけ、寝る時間、起きる時間、お風呂も買い物も、あらゆることを自分で選べることがどれほど自由か！　失って初めて気付きます。

自殺未遂から精神病棟入院という強制終了により、結局自分に残されたのは「今」が連続する「未来」なのだと気がつきました。過去を見なくなったのはすべてを一度失ったから。

過去に思い悩むのは、「今」を過去に生きている。

未来を心配するのは、「今」を未来に生きている。

「今、ここ」……よく聞く言葉の意味が、今ならよくわかります。とても深い言葉だったのです。

浮気に苦しみ、どうなるかわからない将来を心配して身動き取れないのって、つまり過去の記憶に苦しみ、未来を心配することにエネルギーを費やして、今を生きるエネルギーが残っていない人生なのです。手放したくない何か（私ならこの結婚）があるからそこに留まり、悩み苦しむ。「理想の未来」しか許せないから進めなくなる。

だからこそ、コントロールを手放すのです。

理想も何もなくなった時、残るのは「心の自由」だけでした。

未来は「今」の連続、だからと言って何もしないということではないのです。

どんな自分を生きたいか、向きを変えるだけで幸せは始まるのです。

家も家族も帰る場所も守るものが1つもない、なら何をしよう？　手持ちのお金で、ヨーロッパの巡礼でも行けるとこまで行こうかと、鍵の閉められた個室で想像を巡らしました。

大好きな旅に出れば出会うべき人と出会い、遭遇すべき出来事に遭遇するだろうと思ったのです。意外と斬新なものは出てこず、とてもシンプルでした。

つまり、

・目的地に向かって成り行きに任せてベストを尽くす。
・どんな体験をするかはコントロールしない（できない）。

退院後にはまるで本当の旅のように、偶然の出会いや出来事が起こり続けました。そしていつの間にか、閉鎖病棟で出会った人たちのおかげで気付けたことをいつか本にしたいという夢ができていたのです。

「出版」という未来の夢を持ったとき、「今」の行動が変わり始めました。企画書はどうやって書くのかアンテナが立ちました。チャンスに一歩を踏み出しました。出版が決まると「過去」の苦しみのすべてがこうして本のネタになりました。時間の流れは過去からではなく、未来から流れていることを実感しました。先に未来を選んでるのです！

夢に向かってがむしゃらに進んでいると、今度はどうしても出来ないことが出てきました。自分には出来ないからこそ、出来る人にお願いすることができました。自力でやってみたからこそ、他力のありがたみがわかったのです。そこに心からの感謝と尊敬が生まれるのです。

夢に向かってチャレンジしていると、気がつけば家族が手を差し伸べてくれるようになりました。親も弟も姉も、旦那も義母もです!! 自分の幸せに向かって一生懸命に生きていれば、誰の理解を乞うこともいらなかったのです。

親の望みは、子に幸せになって欲しいだけなのです。旦那は私に自分の人生を生きて欲しいだけなのです。

あなたはどんな未来を選びますか?

第4章
愛されたい男たち

今あるものを好きになる能力は最強です！　今やってる仕事や旦那を好きになる能力があれば、現状同じで幸福度が変わります。

結婚で幸せになりたいのは男性も同じ。実は男性こそ「愛されたい」生き物。だからこそモテたい、認められたい、1番になりたい、頼られたい、重要人物に見られたい。その根底には、母親を喜ばせたい、笑顔にしたいという想いがあるのです。

すべての男性が、『女性の幸せな笑顔と上機嫌』でやる気になります。「あなたなら大丈夫！」という根拠のない信頼が、男性の才能を開花させます！

まっすぐ愛せない男性

「あなたの顔が覚えられない」と言って最初に傷つけてしまったのは私。別れようとしたのも、大嫌いになったのも、すべて私からのアクションでした。あちゃ！

繊細な男性が傷つくと、パートナーをまっすぐ愛せなくなります。浮気するかどうかはもはや問題ではなく、自分の妻を大切に出来ない。蓋を開ければ、愛しすぎちゃう人でもあるのです。

男性に自覚があろうとなかろうと、「母親との関係」が大きく関わっている（男性だけでなく女性も同じ）。愛の欠乏感があると愛しすぎてしまったり、コンプレックスを抱えたり、愛されない恐怖を抱えて複数から愛を得ようとしたり、一切を閉ざしたりします。愛した人を失い傷つく恐怖を味わうくらいなら、愛さないことを選ぶのです。

「母親から愛されたい」が残っていて、【母親とそれ以外の女】と分けている男性の場合、永遠に満足することはない。だって、妻はどんなに頑張っても母親ではないもの。

そんな男性を愛して癒してあげようと無意識にし始め、パートナーと情緒的なコミュニケーションがうまく取れないことで女性側は苦しみ始めます。だんだん怒りが増して、誰にも理解されないことで孤独に陥ってしまう……のは、もうやめよう！

一番大切なのは、彼を幸せにすることではなく自分が幸せ感じること！

愛してくれないと感じる時、愛せていないことが多々あります。男性なりの愛情に気づいてあげると、自分も彼も愛を感じ救われます。

出会った頃の可愛い自分を思い出して！　お出かけのときにはオシャレしよう！　他の男性の影をちらつかせよう（実際はいなくても）！　素直に愛せない男性に優しくされる

ために努力するなんてもったいない！　自分の趣味や人生に集中しよう。

いつか「時」が来たら、良い男なら自分の妻を大切にします。だって「夫婦は鏡」ですもの。「時」がこなくても、可愛さを磨いたあなたを待ってる人がいるから大丈夫！

モラハラする意味

男としての尊厳のなさを感じるとモラハラになりやすい。もしくは威厳のない父親を持つ場合も、自分は必ず威厳ある男になると心に決めていたりする。

「あなたは悪くない！　凄い！　さすが！　私は馬鹿にしていないよ！」と伝わるように愛を注いであげることがとても大切になります。

モラハラを受け続けると自分が間違っているのかなと思い始め自信を失っていきます。すると、男性はどんどんエスカレートしてしまう。渦中にいると、それがモラハラとは感じないのが厄介です。モラハラしてる側も、自分がモラハラ夫だとは気がつかない。

お互いが幸せになるためにも、自分の幸せを最優先しよう。

余力があれば、抑えるポイントとして
①不安…愛し切る覚悟を見せてあげて不安を減らす。
②受容…受け入れる意味のセックス、母親ではなく女でいる。
③頼る…尽くすと男は退屈になる、支配できない女に興味を持つ。
どんな問題を抱えた男性も、自分のパートナーが笑顔でご機嫌で幸せに居てくれたら安心し、存在意義を感じられる。それで能力開花して稼いでくれたらラッキーです！
自分はどうしたいか、それが一番大事なこと。

仕事ができる男

男性の思考回路を理解するために、ビジネス塾に入会し垣間見た世界。稼ぐ男性たちの共通点は、意外なことに『素直、女好き、常識的』でした。自我が強くプライドが高くて動けない人よりも、素直に教えに従う人が成果を出し応援されるのです。

女好きでモテたいからこそ、稼ぐことにまっしぐら。口説く自信と行動力があり、素敵な体験に連れ出す情報と経済力があり、身だしなみを整えてカッコ良さげに見せることが出来るよう整えていく。

常識的感覚があるからこそ、仲間を大切にしたり喜ばせたりが出来る。実家のパーティで私が暴れたことを理由がどうであれ謝りに行けと言った旦那は、感情が収まればとても常識的とも取れるのです。（妻への共感能力だけはない様子）

仕事ができるってことは、ターゲットを定めたら相手の求めることをキャッチして、自分と付き合うメリットを提示していくのが上手な人たちなんだもん。モテたいからこそ稼ぎ、女遊びをしたい意思がある限り止めることは不可能に近い。

なぜ稼ぎたいのかを掘り下げていくと、やはり「愛されたい」が見えてくる。この世の悩みはお金で解決することがほとんどで、解決できる男になりたいのです。嫁からすると、親の面倒や育児や家事などお金があれば楽になる。

妻として感情コントロールさえ身につけられると、ストレスを減らし自由で豊かな時間が増え、今を楽しむことが出来るのです！

妻としてできる応援は、感情的にならず笑顔でいること。

あなたが必要と頼り愛することで、最大限に彼の能力を開花させること。

稼ぐ男性はとても素直だから、根拠のない自信をつけさせ掌で転がすこと。

何があっても生きていけるサバイバル的強さを自ら持ち、旦那を保身に走らせないこと。


人生エンターテイメント！　どんなことも諦めない限り、ただの体験でしかない。すべての感情、体験を楽しんだもの勝ちです。

家族は人生挑戦しない理由になるのではなく、挑戦する理由になるくらいが面白い！

そもそも浮気は悪いこと？

ある晩「浮気はしていないけど」と前置きのあと、旦那のレクチャーが始まりました。
・この世には「浮気できる男」と「浮気できない男」の2種類が存在する
・出来ない理由は、お金がない、見た目が悪い、口説く勇気がない（嫁が怖い）
・たまたま自分は浮気できる側で、したいだけで、そこに意味はなく排便のようなもの
・悪いと思っていないので、謝りようがない
なんと素直な人なんでしょう（笑）。

浮気は排便…なんと女性に失礼なんでしょう（怒）。

ふざけるな（怒）と思いながらも『男は浮気する生き物である』と仮定してこの世を見てみると、男性の性犯罪、性風俗、浮気、不倫、そのすべてに合点がいく気がしてきました。よっぽど隠すのが上手か、高尚な人物でないとその本能に打ち勝てないのかもしれない？　女性には理解できないほどの性衝動を抱えて生きる男性が少し気の毒になりました。証拠をたくさん抑えてる嫁に向かってここまでいう心意気は、あっぱれなほどでした。

「浮気してるよ。それがなんやねん。」

年月が経ち、とうとう浮気を認められたときのこと。開き直りもここまでくると、素直に聞いてみたくなりました。

Q、どうやって相手は選んでるの？

A、セックスにはキレイな女。付き合うには面白い女。

Q、じゃ、結婚相手は？（ドキドキ）

A、人間性。

おぉ！　じゃあ、付き合ってセックスして結婚した私は、キレイで面白くて人間性が素晴らしいってことね!!

どあほぅ。

仰天発言たち!

女性にとって言葉とは永遠にリフレインして残るもの。そんな脳裏に刻まれたセリフたちの意味づけを変えるだけで、意外と幸せな気分になれるのです。家庭内のことなので、勘違いでもいいいじゃない（笑）。そんな日那語録と、その解釈をちょっとだけ。

▼女遊びが生きがい

女遊びに慣れてきて調子に乗ってるときの彼のセリフ。生きがいならばやめさせるのは少し気の毒に感じました。本当は根が真面目で、女遊びが生きがいとはどうしても思えない。どちらかというと「セックス依存症」っぽいような?

もちろん最初は最低なクソ野郎だと思いました。浮気初期は、相手の女性にそれなりに恋愛感情を持ってるようでしたが、途中からは性の相手として女性を扱う証拠さえ手にしたのです。女の感情的な部分を見ると必ず冷めると予想。一通りのタイプの女性（派手、清楚、ギャル、ホステス、女性起業家、素人、プロなど）を口説くことに成功しコンプレックスがなくなれば、そんなに興味は示さなくなるんじゃないかなーと楽観視していました。

途中から、「仕事が生きがい」に変化して、「女はみんなめんどくさい」に変わっていきました。そして、面倒くさくないカッコいい女性経営者では、逆に自分の存在意義が薄れてしまうようです。

▼浮気しても良い

浮気してもいいと言われるほど愛されてないのか……ともちろん思いました。自分は浮気しても嫁の浮気は許さないという男性が多い中、嫁の自由も認めるのはとてもフェア。彼の株が個人的に上がりました。

のちに、「お前は許すが相手の男は許さない」と怖いセリフ！　口説いてくれる男性を守らなきゃと浮気に至れない私を見透かすような旦那に完敗。異性に接触することで「自分の妻」という認識が刺激され、一時期彼の愛情が戻りました。わかりやすい生き物です。

▼オレ程嫁の幸せ考えてる男はいない

どの口が言う？　と仰天。けれど結婚前に愛読書や、人生で大切にしてることなど、私の価値観をしっかり聞き込み、分析していたのです。四柱推命などの相性占いもしており「自由が必要、好きなことしかしない、愛の思想」など全部お見通しだったのかもしれません。

「自分がいなくなっても稼げるようになれ」「俺に依存するな」「自分の人生を生きろ」こうしてみると、確かに一番の応援団に感じます。ただ、荒削りすぎる！！

▼オレを悪者にしても良いから好きなことをしろ

「家族のことは表に出してはいけない」という暗黙のルールを破るきっかけになったセリフ。このおかげで『旦那の浮気でパラダイムシフト☆』というブログを始めました。

私に内情を明かさせて、あとで名誉毀損で訴えるつもりか？　ともよぎりましたが、そこまで暇な人ではないし意地の悪い男ではないと信じました。

ブログは人のためというより自分のために書き始め、自分の感情を深掘りしたり、物事の捉え方の変化の記録となりました。本当にオススメします。ブログからライターのお仕事の話が舞い込んだり応援していただいたりと思わぬ展開をもたらしました。

▼ウチの嫁抱いて良いっすよ

なんですって⁉　と思ったセリフ第1位。ありえないでしょ⁉　私の知る限り共通の知り合い男性3人にこのセリフを言ったことがわかっています。ショーゲキは第3章にある通り。彼は女性をそもそも信用してない男性なので、貞操を期待して傷つくことを避けている。そのくせ、よっぽど私の身持ちの硬さを信用してるのだと解釈。

今となれば、旦那がなんと言おうが私が抱かれなければいいだけの話なので、好きに言っときなさいとしか思わなくなりました。私にとって彼は、大人ぶってる天邪鬼な少年です。

▼1ミリも愛してない

3度言われました。このセリフを言う前にはいつも彼の気分を害する何かが起こっています。つまり「売り言葉に買い言葉」だと、私は解釈しています。だってね、彼がなんと言おうと「愛してる」の方がたくさん言われてるんだもの（笑）。

天邪鬼な性格は私も同じ。誰よりも天邪鬼が彼なのです。

このセリフを吐かせてしまうのは、私の愛情が足りてないというサイン。母親に反抗期をしていない彼なので、私に反抗期をさせてあげる。その代わり、私は彼の母親には絶対になれないので「女」でいさせてもらいます！

▼愛人契約してあげる

最高に面白くないですか？　条件で言えば、この愛人契約に乗るのが一番良かったのでは、と言う友人が多い。今まで通りの生活費と生活保障そして慰謝料。親権は彼、娘は彼の母親が育て、他の男と恋愛をしてもいいけれど自分とのセックスを拒めば愛人契約は解消する、という条件でした。

私としては産後すぐに娼婦の気分になったことで、愛のないセックスは私には出来ないことがわかっていました。離婚してから彼とまぐわう意思はない!!

貞操観念が私を浮気で苦しめましたが、女として自分を守るための貞操観念は、父からもらった大切な想いです。今のところ手放すつもりはありません。

▼情はあるから生活費をあげてるだけ

情って大きく分けると愛なので、情があるのは愛してる証拠。仕事とお金が大好きな彼からのお金だからこそ、愛だと思って受け取っています。覚悟を持って自由に生きている彼。私の入院費や娘の世話の手配、入院用意でヘトヘトになりながらも逃げませんでした。自由の責任を取れる人だからこそ、自由に生きることが出来るのです。

▼今一番心配してることは、エイズにかかること

ニューカレドニアで、お互いをどれほど知ってるか質問を沢山し合いました。その1つがこれ。どこまで赤裸々な会話をしたか…。「浮気相手の誰にも好きという感情がない」と自分でびっくりしてました。結果、彼のほうが私のことをよく知っていて、私が彼を愛せてなかった事実に私は向き合うことになりました。1ミリも愛してないと言われても「愛してる」と言えるマインドが強いと言い、「もう一度、旦那をやってみる」と言ってくれました。

▼元彼に会ってきた！（私）

大好きだった元カレとの生活を思い出せば、幸せ感覚を思い出すかもしれない！と元カレに会いに行きました。そこで、その頃より愛する人が2人も増えた私自身に出会いました。旦那と娘です。嬉しびっくりしすぎて話し始めると「言わなくていい」という彼に、「聞いてほしい！私、今の方が幸せやった！」と報告。「俺も元カノに会いに行こうかな」

と言うので「会っておいで！」と背中を押しました。再び仲良しに戻るきっかけとなりました。

セックスと愛

断ったり拒絶すると「愛されてない」と否定された気分に感じさせてしまう。「認められたい、重要人物扱いされたい」そんな感情が強い男性ほど浮気をし、繊細で傷つくと本気で離婚を考え始めるのかも知れません。

女性は感度がとても大切。男性はその反応で興奮するのです。求められているという感情を味わうことで自信もつきます。女性としても喜ばせようとしてくれる時間を楽しむ方が満たされます。

求められなくてイライラする時は、自分にとって都合の良い意味づけをすればいいのです。ストレートに「ATM」として大切に扱うのも、子の父親としてだけでもいい。

女にだって性欲はありますが、いわゆるヴィーナスタイムや最近人気の股コリケアなど、膣が硬くならないようにする術は探せば沢山あります。呼吸で私は満たされます。それに、セックスしなくてもエネルギーの交歓はできるのです。

どんなことで愛されてると感じるか、旦那さんに聞いたことありますか？　人それぞれ愛を感じるポイントが違うのです。

【愛を感じる5つのポイント】

お金……お金を使ってくれる。プレゼントをくれる。
行動……自分のために何かをしてくれる。
言葉……褒めたり愛してるなど愛の言葉。
時間……素敵な時間を共有する。
スキンシップ……手を繋なぐ、キス、ハグ、セックスをする。

あなたはどこで愛を感じますか？　正直、全部必要じゃないですか？
私も全部だと思いましたが、特に重要視してる部分がそれぞれにあるようです。それが、親から与えられた愛の形です。

ウチの旦那さんに聞くと「寝てる時に、布団をそっとかけてくれたとき」と言いました。

私は、何をしても言ってもいい楽しい時間を過ごすことで愛されていると感じます。この違いがすれ違いとなることがわかりました。

つまり②行動、で愛を感じる私の旦那さん。行動がすべてなのです。料理作らなくていいと言いながら、作らないととても不満そうな態度になる。プレゼントを渡しても喜ばないけど、これはどう？　と一緒に選ぶと喜んでくれる。プレゼントを喜ぶというより、喜ばせようとした行動で喜んでいるようなのです。行動で愛を感じる彼のために、無理しない程度に料理を作るようにしています。

一方、④素敵な時間を共に過ごす、ことで愛を感じる私。

感情の共有、家族の思い出作りが根底にあります。旅行に行きたいとか、美味しいものが食べたいのは、その時間を一緒に素敵に過ごしたいから。一番求めているのは、目と目を合わせて感動を共有することですが、彼は目を合わさないので悲しい思いをしてきたのです。

その上愛の欠乏を感じた時、お金を使わせようとし始めます。エルメスの腕時計を出産祝いに無理やり買わせ、激怒させたことさえありました。いい思い出です。

現在は快くプレゼントをくれ、旅行や外食に連れ出し、セックスをする。言葉と日常と笑顔以外のすべてがあるので、愛されてると思えていることに気がつきました。

私はプレゼントを買い、彼の子を育て、彼の帰りを楽しみに待ち、愛してると言葉を伝え、エネルギーヒーリングで肌に触れ、おやすみのキスを求めて寝ます。

こうして見てみると、案外いい夫婦かもしれません（笑）。

第5章

すべての奇跡は日常の中にある

心が変わる「ありがとう110回」

現状が全く同じでも、心が変わると幸せを感じる人生になります。ただ自分を受け入れ、認め、自分らしく生きるだけで生きる世界が変わるのです。

「ありがとう100万回」という言葉を聞きました。小林正観さんや竹田和平さんのお話を人づてで耳にしたのです。短期間に2度も！　どうやって数えるかわからないし…と最初は全くやる気になりませんでした。

そもそも100万回なんてどうやって数えるんだろう？　運転中に考えていました。ありがとうを呟きながら色々な数え方を試していると、インド人は指の関節で数を数えると聞いたことを思い出しました。なんとなく「ありがとう、ありがとう、ありがとう…」と右指の関節を数え始めました。インド風に数えてる自分がなんだか愉しくなりました。

1日100回なら言える！　でも毎日できるかしら？

忘れてしまった時のためにちょっと多めの1日110回を唱えておこう！

車に乗ったら呟くという小さな習慣が始まりました。ある日ありがとうの前にふと弟の名前を付けようという気になりました。頑なに「許さん！」と思ってたあの弟です。（第3章参照）

すると心？　心臓？　のあたりがジュワーと暖か～くなり、弟に対する怒りが溶け始めました！

本当にびっくり体験でした。その後偶然遭遇した弟とは、心乱れず少しずつ話せるようになっていきました。

ありがとうという言葉には、魔法の力があります。心を込めなくても唱えるだけで良いのです。めっちゃ楽じゃないですか？　もし退院後の私のように、出来ることなんて1つもないという状況の方は、騙されたと思ってやってみてください。まんまと魔法にかかりますよ（笑）

◎ありがとう110回から始めよう。感情を込めなくていい。あなたなりのゲーム感覚でやってみて！

制限を外す方法「100個の願い事」

浮気されて苦しむ人の相談に乗っていると、「死にたい」という言葉を使われる方がとても多いです。私も同じ経験をして、その気持ちめちゃくちゃわかるので「そんなこと思わないで！」なんて言うつもりはありません。死を意識して生きるのって、理にかなってると思うのです。だって永遠の命って今のところないんだもの！　だからその願いを胸に、死ぬまでにしたいことを1つずつ叶えてあげるんです。

あなたの叶えたいことは何ですか？

例えば、

✔浮気やめて欲しい
✔ちゃんとした家庭を築きたい
✔旦那に妻として愛されたい
✔行ったことのない国に行ってみたい
✔新しい経験をしたい
✔稼げるようになりたい……etc

すると旦那が言いました。「人を巻き込んだ願いは叶いにくい。まずは自分完結の望みを100個、書き出してみると何がしたいかわかるかもしれないよ」

この時点でリストから旦那がらみの始めの3つが消えました。（うまい！）

やってみたらわかるのですが、100個も願いごとって出てこないのです。何日もかけて書き足していきました。物欲もあまりないのだけれど、100個書き上げたくてちょっとだけ欲しいものや行きたい国を書き、いつかやってみたいことを書きました。

すると、「自分の願いを自分で叶えてあげよう」と自分自身に変化が起こり始めたのです！　まず簡単なのは買い物です。ドキドキしながら素敵なお洋服を買ってみました。大好きな旅は、どうしたら行けるかを考え始めました。

「人生を変えたいなら自分で行動を起こせ」とけしかけられ、半ば意地で入会したビジネス塾は2か月ごとに日本と海外のどこかで開催されるものでした。最初は京都で次がベトナム…。

すでにこども園に娘を預けてはいましたが、1歳半の娘を置いて1人で海外はやっぱり行ける気がしなくなりました。それに、バリバリ稼ぐ大勢の男女の中、専業主婦の私は気まずくて居心地が悪くて仕方がない！　あの気まずさったら、参加しようと思うだけで動悸と変な汗が出てくるほどだったのです。（↑行けない本当の理由。笑）勇気のない私は、いい人ぶって子を理由に行くのを諦めようとしました。

「行きたいな、でもそんなの無理よね。だって貯金だって減っちゃうし将来どうなるかわかんないし、娘もママがいないと不安になるよね。それにどーのこーの……」

イラついた旦那が「娘なら世話するから、行きたいなら行くと決めろ！」と男前なことを言い、「人生を変えるんだった！」と思い出してベトナム行きを決めました。その後、娘を世話すると言った旦那が、義母に娘の面倒を依頼したいきさつは、第3章で書きました。

ビジネス塾でオーストラリアへ行った時には、願い事リストにあるスカイダイビングに挑戦しました。飛ぶまでが一番怖くて、飛んでみると怖くはなかったです。塾も行ってみればとても楽しい学びの時間となりました。


ここまででも制限がいろいろ外れてるの、わかりますか？

リストを作ったことで、小さな頃からの夢だった幼稚園の先生をやっぱり一度はやりたいことがわかりました。大学の通信講座を受け直し免許状を更新して、臨時職員として公立幼稚園で働きました。満足しました。

免許更新の試験前には、タイのカフェで試験勉強を真剣にしました。試験とタイ旅行、どっちか選ばなきゃという考えをやめたのです。現在94歳の私の一番の親友ＬＥＯ（旅パートナー）とどうしても会いたかった。タイに住んでいるカナダ人のベストフレンドが死んでから駆けつけるより、元気なうちに会いに行くほうが絶対イイでしょう？

１００個のリストを作ったことで、自分完結の願いを持つ習慣がついたのみならず、旦那への期待が減っていきました。そして「普通でいなければ」という自分の制限も外れていったのです。

こうして周囲に嫌われても幸せに過ごせるようになりましたが、人格否定と絶望（第3章参照）で強制終了を迎えました。そこからは改めて生きるための「学び」という自己投資にお金と時間を費やすようになりました。

もし今に不満ならば制限を外し、本当はどうしたいかを自由に選んでみませんか？　このまま耐えながら長生きするよりも、好きに生きるチャレンジをしてみませんか？　そのためにも感情の冒険に踏み出してみませんか？

浮気する人はきっと「結婚したら異性と関係を持っちゃダメ」という制限がないだけなのです。そのことが理解できた今でも、私がやりたくないことはやらないだけ。浮気をしたくなったら、その時はもちろん本気でします。

病気で最愛の旦那さんを亡くした友人が「浮気するほど元気になって欲しいなって思ったよー」と言って励ましてくれた言葉が、とても心に沁みました。

◎自分完結の願いを100個、書き出してみる。「制限」は言い訳のためにある。

エネルギー療法で生命力アップ！

入院のあと、思考しない時間を過ごせたおかげで、どう生きていこうかと少しずつ思考が始まりました。ヒントを探しはじめ、ピンと来た人に会いに行きはじめると、エネルギー療法をしている方に出会いました。すると別ルートでまたレイキ（手当療法、エネルギー療法）に出会い、旅パートナーのじいちゃんにしてあげたいと思い、習うことにしました。

エネルギー回路を作ってもらった1日目の帰りには視界がクリアになりました。うつ症状から完全に抜けたような感覚でした。1日終えて疲れるどころか元気になり、義実家に夕飯を食べに行くという旦那に対して「私も行っていい？」と電話をしたのです。以前の私にはありえない行動でした。

実はそれだけではなくて。ベッドに入っても元気すぎて全然眠れない。「ねーねー、…元気すぎて眠れない。しよ♡」と旦那を誘ったのです！　それ以来、夫婦仲がみるみる改善されたのは言うまでもないですね。

次の朝、起きた時には両手がパンパンに腫れてるように痛くて、まるでグローブをつけてるような感覚に驚きました。（注、実際は腫れてません）どうやら指先が詰まっていて、エネルギーでパンパンになっていたようです。手を振るとグローブはとれました。

まさかのレイキで生命力がアップして、性欲が開花したのです‼　レイキで性欲開花なんて驚きましたが、今では理にかなってることがわかります。健康な時に受けていたら、私はきっとこの変化を感じられなかったはず。病んで良かったと思いました。変化を体験するために病んだのかもとさえ思います。おかげで私は今、レイキティーチャーをしています。エネルギー回路を作り、レイキを伝授することが喜びであり幸せです。

人それぞれ、何が合うかはわかりません。反応だってもちろん十人十色。自分を大切にして「なんとなく」に自分で気付いて答えていくことで、あなたにとってのレイキに必ず出会います。

◎自分の感覚を研ぎ澄まし、なんとなく、を見過ごさないように。

◎エネルギーを自分に使うことが、自分を大切にすること。

ジャッジをやめる（セルフイメージを書き換える）

何をやっても愛されない、誰にも応援されない、人並みに働くことさえできない、親にも愛されない、育児すらまともに出来ない、嫌われてしまうから仲良くなるのが怖い。こんな気持ちが沈殿した泥のように、まだ私の中にありました。すべては「良いこと、悪いこと」という善悪のジャッジから生まれたもの。

現状を変える可能性があることはすべてやってみよう。一度死にかけたことで、貯金なんて置いてても意味がないと思ったのです。運よく出会えたメンターの望月俊孝さんに、人生を変えるにはセルフイメージを変えるといいと教えていただきました。本田健さんの『ユダヤ人大富豪の教え』でも、金持ちとそうでない人の違いはセルフイメージの違いだと書いてあります。ブロックをなくしたい、セルフイメージを書き換えたい！

レイキで生命力がアップし、今度は潜在意識にアプローチすることにしました。

どんなもんかな、という受け身の状態では何も変わらないことは、ブライアン・ワイス先生の前世療法の日本版を〝4時間で30万円〟支払って3年前に受けたことでわかっていました（私は90％以上の方が成功する方法で前世を見るのに失敗したのです）。

潜在意識書き換え作業は、フラッシュバックを消す作業と似ていました。

【インパクト×繰り返し】で潜在意識（無意識）を変えるのです。呼吸法など様々なメソッドが盛り込まれていて自分の中の泥を出していきました。

私にどんどん変化が起こりました。

精神病棟に入ったことを隠して生きていこうとしていましたが、それでは何をしても人と会っても本当のことが話せなくてとても苦しかったのです。「バレちゃダメ」という意識を手放し、相手を慎重に選びながら少しずつ自殺未遂したことや心の話をするようになりました。どんな噂が広がっても仕方がないと腹をくくりましたが、心配したようなことは何も起こりませんでした。人はそんなに他人に興味がないのです。誰も私を異常者としてみるようなひどい扱いはしなかったです。（心から感謝）

何度も、何人もの人にトップシークレットを話していると、もはやそれはトップシークレットではなくなりました。それどころか、「実は私もそうなんだ」「家族が同じように入院してた」「今も家族のことで悩んでるんだけど」などなど、本当に沢山の方が心を開いてお話してくれたのです。

「あなたに出会い希望を持てたおかげで息子に変化が起こった」「あなたのおかげで行動する勇気が持てた」「あなたのようになりたい」など、人生を模索してる方、ご家族のことで悩んでいる方から嬉しい言葉をいただけるようになったのです。

自殺未遂をして閉鎖病棟に入院したことは、ただその事実のみ。そこに隠さなきゃいけない意味づけをしてたのは私の無意識（元々は母の意識）。

潜在意識を書き換えるプログラムは、思い込みやジャッジの手放しを起こし、本来の愛を思い出させるものでした。キレイな水が循環するように心の安らぎや自尊心を取り戻していくのです。親への愛、それに認めたくなかった旦那への愛が溢れ、いつの間にか「望む形で愛されなくても、私は愛していていいんだ！」と思えるようになっていました。

それ以来、失敗することが怖くなくなりました。いえ、怖くてもそこで立ちすくまなくなったのです。そこで諦めない限り失敗ではないと知っちゃったから。失敗はダメ、恥ずかしい、などのジャッジが薄まるとどんどん生きやすくなりました。

それでもね、反対意見や否定に嫌だなーとはもちろん感じます（笑）。「ありがとうを110回言おう！」と言えば、「心がこもってないと意味がない」とか、幸せだよっていっても「無理して言ってる」とかわざわざ言うやつね。人それぞれ違うのだからどっちも良いし、何でも良い。反対意見は失敗した人が、良かれと思って言ってくれてるだけ（笑）。

つまり、自分が選んだことは自分には正解でいいのです。ジャッジしてくる人に出会ってしまったら、そのときにブレるかブレないか、自分の感情を味わうチャンス♪　にすればいい。自分の変化に衝撃を受け、このプログラムのセラピストとして活動するために1日に何時間も何日間も何週間も勉強し続けました。学びは人に教えるときに一番自分の理解が深まります。すべては自分の糧となりました。

旦那の浮気がなければ学びにも出て行かず、正体のわからない何かが壊れないようにと気を使い、世間の目を気にして「それなりに」生きていたと思うのです。これも、学び続けどんどん変化していく彼の姿を見れたおかげです。それはつまり、彼を愛することをここまで諦めなかった「自分のおかげ」です。

◎ジャッジしない人生はとても楽チン。

◎学びこそ人生を豊かにする。

願いを叶える一番簡単な方法

夢を持とう！　と言われると、天邪鬼であまちゃんの私は、「そんなのあればとっくにそちらに向かってるわ！」と思ってしまいます。押し付けられるとすぐに嫌になっちゃうんです。だってなんだかしんどくなりませんか？

そんな私が（！）どうして出版して、「浮気されても幸せな人を増やしたい！」という夢を持ったのか。それは『宝地図』を作ったからなんです。最初は望月俊孝さんの1冊の本との出会いでした。その本の38ページに私のしおりは今も挟まったまま。そう、そこまでしか読んでないんです。すぐにダイソーに行き、４００円くらいのコルクボードと色用紙を買いました。家族の写真を数枚プリントアウトして貼りました。イメージ力の弱い私は、半分以上を文字で作り上げました。

その時にドキドキしながら書いたのが、「閉鎖病棟での10日間を小説にして出版する」だったのです！　退院してから3か月後のことでした。「2020年までに」という期日も書きました。

いつも目にする場所に置こうと思い、トイレの目の前に吊しました。めちゃくちゃ心がワサワサしました。こそばゆい。それでも見るたびワクワクしました。

「パートナーにも言えない夢なんて叶うわけがない」

本の著者さんである宝地図の望月俊孝さんの音声を聞いていた私は、この言葉をつぶやきながらトイレの前の廊下をうろうろしました。恥ずかしい。どうしよう、怖い。でも旦那さんの帰宅する日に、とうとう撤去せずそのままにしたのです。夜中に一言、「トイレに面白いものがあった」と言われただけでした。ドリームキラー（夢の邪魔をする人）は家族や身近にいると聞くので本当に怖かった。その宝地図に、「旦那の夢」も書いて貼りました。

奇跡が起こり始めたのはこの頃からです。

それ以来、彼の態度が変化し始めました。「本気で支え合えるパートナーシップ」と書いた上に、夫婦で水着で写ってるステキな写真を貼っていたのです。「この女、俺に添いとげるつもりか⁉」と思ったのかもしれません。知らんけど（笑）。ステキなリビングの写真を見て「あんな家に住むには日本では難しい。海外移住するか？」と聞かれ「行く！」と即答しました。

作ってから3か月で「世界で最高の嫁」と言われました。「一周回って嫁ＬＯＶＥ」と周りに言いふらしてることとさえ耳にしました。

半年後には、出版企画書の書き方セミナーの情報を彼が教えてくれて参加しました。

8か月後には友人の出版パーティに参加し、その翌月には出版パーティで知り合った方とレイキという全然関係ない場で偶然にも再会し、「3日後に出版社の副社長さんとアポとってるから、いーちゃんも一緒にどう？」と誘われたのです。出版企画書を2日でとにかく仕上げました。こっそり企画書を持っていったところ、提出しよう！　と背中を押してくれました。そして今、出版しているのです。奇跡でしょ（笑）？

面白いことに、出版が決まるかもしれないと思ったとき、とても躊躇しました（笑）。夢が叶うのってめちゃくちゃ怖いのです。全く知らなかった。宝地図を見続けてたおかげで、なんとか叶える方を選べました。出版することで、私が経験した失敗や苦しみはもう誰も経験しなくていいようにしたい！　だからセルフイメージを書き換え、自分の深掘りをしてきたのです。何を躊躇してるんだか（笑）。

お金のことは常に考えながらも、まずはしたいことと向き合いました。だって私にはその環境があるんだもの。旦那への感謝がより深まりました。もし、稼ぐことを先にしなきゃと思っていたら、私は今も立ち止まってたと思います。

自分のことを信じられなくても、望月さんがセラピストになれると言えばそれを信じて、実際にお金をいただきお仕事とし受けることが出来ました。この一歩の大きいこと！

レイキティーチャーになってレイキを広めたいと宝地図に書きました。するとブログを見てくださった方からレイキのお申し込みがくるようになりました。クレジットカードの引き落としの日に振り込まれ、忘れていた引き落としが出来るミラクルも起きました。人生のステージが変わるときに味わう苦しみの状態で、レイキを学びに来てくれた方もいらっしゃいました。その闇は私もゾクッと感じるほどのものでしたが、闇を通ってきた私は引っ張られることなく伝授ができました。闇をくぐり抜けた体験がまさかここで役に立つとは！　たくさんいるレイキティーチャーから私を選んで良かったとまで言っていただき、この言葉が自信となりました。

夢に向かって必死にほふく前進していたら、稼いでいたのです。ほふく前進から顔を上げてみると、いつの間にか山を越えていたみたいな（笑）。

どうですか？　試してみる価値はあると思いませんか？　夢って大それたことでなくっていいのです。出来ることとか、したいことでいいのです。

全国に宝地図を教えている仲間がたくさんいます。良かったら近くで開催されてないか情報収集してみてください。人生がすっかり変わっていくかもしれませんよ！

私が出会った1冊の本は、

『［新版］幸せな宝地図であなたの夢がかなう』（望月俊孝さん著　ダイヤモンド社）

ぜひ、感情の冒険を楽しんでみてください!!

◎自分の望みを自分で知る。望みには必ず期日を書くこと。

愛の状態に1秒でも長く、少しでも近づく

何度も出てきた愛の状態とは、「自分の中心」「自分自身」の状態です。渦の中心です。

自分自身を見失うと愛から離れていきます。自分自身に戻っていくにつれ幸福感は増し、人に与えることが出来るようになります。言い換えると、与えることで幸福になれるのです。与えるとはお金とかプレゼントではなく、究極は自分自身の存在です。完全なる応援団。

愛が欠乏すると、小さくしゃがみこみ、冷たく硬くなって震えてる小さな女の子みたい。こっちを見てと要求しながら与えられるものに文句を言い、何もかもが気に入らない。

愛の状態になると、大きく柔らかい、暖かく包み込むようなマリア様みたい。愛を与えることで満たされて、まるで概念のような感覚になる。

意外なのは、個がなくなるのではなく、自分が個としてくっきりクリアになると、その状態になれること。愛の状態とは、自分をなくすことの正反対。究極に自分を大切にすることで、究極に他人を大切に思える状態。

だから、自己犠牲は愛ではないのです。ここから先の世界は私はまだ知りません。残念ながら、まだ数回体験できただけ。だけどこの状態があることはわかりました。どん底を経験しても、その世界へ行くことは可能だという希望の光は見えました。1秒でも長くこの愛の状態で居られるようにするのが人生の目標です。

◎愛は自己犠牲ではなく、自分を大切にして、愛は広がる。
◎与えることで幸福になる。

第6章

浮気されても幸せになる方法

危機的状況の対応法

離婚する方が幸せなら離婚すれば良くて、継続する方が幸せだから継続しているはずです。とは言え、途方に暮れているときは、どっち向いて歩き出せばいいかもわからない…、それが実情ですよね。


今現在浮気をされていて、途方に暮れている人へ。

夫や親族の関係で身動きがとれなくなっている人へ。

メンタルをやられて、自分を失いそうになっている人へ。

もしかしたら命の危機さえ感じている人へ。


私が試して有効だった方法・考え方をまとめてみました。

今までと違うことをするのは怖いと思います。だけどただ何かが起こることを待ってるだけって逆に怖くないですか？　心から幸せだーって叫びたくないですか？　どうせならめっちゃステキな離婚したくないですか？　自分をもっと幸せにしてあげたくないですか？

ダメでもともと。やってやりましょうよ！

思考しない時間を過ごす（強制終了後の過ごし方・見守り方）

精神病棟から退院してからは、たくさん寝て、毎日を丁寧にただ過ごしました。思考するとすべてが損得になる気がして、思考をしない練習をするだけの時間。娘と2人きりにならないように、夕食だけ実家へ行くという旦那の配慮が功を奏しました。

思考しないってのは例えば、ご飯の時間だから食べるとか、掃除しなきゃとか、もう起きなきゃとかが一切ないってこと。夕食へ行きたくなければ行かない、2日間眠り続ける、食べたいものを食べる、とかもそうですね。

思考がないと、感覚だけになるのでとてもシンプル。自分からも他人からもジャッジがない。そこには罪悪感も無価値感も何もないのです。

安らぎと静けさで完全にリラックス
じっくり自分の「声」を聴く時間

図らずして手に入れたこの2つを満たした環境が、未来を変えていく完璧な要素となりました。「動き出したい！」って思うまで何もやらないのです（社会性は失います）。私は眠れたので、とことん眠り続けました。すると得意のパスタを作りたくなり、娘を預かってくれてる母と娘に振る舞いたくなったのです。娘を見てくれてありがとうという感情と、娘と一緒に楽しく過ごしたい感情が自然に沸いたのです。それでも体力的にはとても疲れやすいので、また眠り続けます。

この状態ってまるで生まれたての赤ちゃん。寝たいだけ寝て、泣きたいだけ泣き、おっぱいを飲みたいだけ飲む。こっちを見てと要求し、自ら立ちたい、歩きたい！　という欲求が生まれ成長する。遊ぶとすぐに疲れてまた眠る。

成長したい欲求は誰もが持っている。

完全にリラックスして他人の声を排除していくと、自分の本当の声が生まれてくるのです。そこに誰のジャッジもなくなれば必ず人は動き始めます。「きっとこの子は大丈夫」と信頼される愛で、自分を解放して進んでいけるのです。

「黙って見守る」のが一番難しいのは痛いほど承知です。私も母と同様に「黙って見守る」が出来なかったからこそ旦那さんは嫌がったと思うのです。

鬼退治に出ると決めた桃太郎に対して、心配して止めるのではなく、じいさんばあさんのように心配しながらも、きび団子と「日本一」の旗を作り、持たせてあげて欲しいのです。

◎生まれ変わる時間は必要、怠惰なのとは違います。

迷ったときは4つのシナリオ（未来の選び方）

人生で進む方向に迷った時の方法です。分かれ道でどちらに行けばいいのか、2択なら4つのシナリオを自分でイメージします。それぞれの道の最高と最低のシナリオです。

「離婚するか、しないか」の私の例をあげてみます。

①**【離婚、最高のシナリオ】**

別れるときに悲しみが残らないほど愛し切る。カルマの解消が出来た実感と、離婚しても愛してると思える状態で感謝の気持ちで離婚する。彼も、私に出会えてよかったと思ってくれるか嘘でも言葉に出してくれるほど思いやり合える離婚にする。離婚旅行では家族3人で最高の思い出を作り、娘の親として相談し合える仲になる。娘は両家を自由に往き来しみんなに可愛がられている。別れても愛の状態。学びを終える卒婚。

②**【離婚、最低のシナリオ】**

感情的に決断して胸が苦しい状態で、どっちがどれほど悪いかを罵り合い、お金の奪い合いやお互いに傷つけ合う離婚。娘をどちらが世話するかを押し付け合い、娘は大人の顔色を伺いながら言いたいことも言えないで育つ。それぞれが再婚して、連れ子である娘を可愛がってもらえない環境に苦しむ。（キャンセル！パチンっ）

③**【継続、最高のシナリオ】**

夫婦にとっての距離感をいい感じで保ち、共に娘の幸せを願う同志として尊重し合う。浮気が問題ではなくなり、それぞれがしたいことをして、出来ることをしながら助け合っていることで感謝が生まれている。自由の中に愛があり、離れていても大切に思い合える。それぞれが自分の人生を謳歌して生きることを何よりも願って応援している。そんな両親を見て育つ娘は、大人になるともっと自由で好きなことができると信じのびのび育っていく。

④**【継続、最低のシナリオ】**

浮気された後遺症に苦しみながら、ずっと許せないまま生きていく。離婚しないと決めたのに、ずっと責め続けることで相手は嫌がりうんざりし、より一層遠ざかる。仕返ししようと男遊びをして、自分自身を傷つけ自己嫌悪に陥る。会話もないくせにお互いの文句だけは外に話し続け、相手をバカにして生きる。それを見て育った娘は自尊心の低い大人に育ち、結婚に良い印象はなく、自分は幸せになれないと思い込み人生を諦めて生きていく。（キャンセル！パチンっ）

私は今、①と③のどちらでもいい。つまり、離婚してもしなくても正直どちらでもいいのです。

それは最高にステキな離婚しかしない！　と決めているから。どちらに向かっても私も旦那さんも娘も、幸せの方向を向いているのならそれで良いと思えるようになりました。

※コツ⬇イメージは出来るだけ極端にかつ「現実的」に。

望まないイメージをした後は「キャンセル！」と口にして手を叩くのもおすすめです。

妊娠初期に「子を産むか産まないか」の岐路に立った時の4つのシナリオも紹介します。

①**【産んで最高！】**

子が生まれ幸せな家族を築く未来。夫婦はどんな結果になろうと、最善を尽くしたと子に胸張って言える人生。娘の結婚式に彼も私も笑顔で仲良く出席してる。喜怒哀楽を共にして、家族になっていくすべての過程を愉しむ。

②**【産んで最低……】**

産んだことを後悔して生きる。大嫌いな彼の子だと思うだけで愛せない。シングルマザーとして生活に追われ、子からは「なんで私を産んだの！」と責められる。（キャンセル！パチンっ）

③**【産まなくて最高！】**

流産して彼とはすっかり縁を切り、元の自分の人生へ。大好きな仕事をこのまま続ける。出産はできない人生だけど、その分大好きな旅行にたくさん行き、のびのび自由であることに感謝して生きる。

④【産まなくて最低……】

下ろした悲しみを永遠に持ち続け、罪悪感と悲嘆にくれて後悔する一生を過ごす。どんな子であろうと自分の子供に会ってみたかったのに会えなかったことを悔やみ続ける。彼を許せない人生。そんな彼に出会った自分こそ許せないで生きる。（キャンセル！　パチンっ）

②と④は「何としても避ける‼」と瞬時に思いました。あとは①と③の2択です。私は迷わず①を選びました。だってワクワクしてなんだか広がる感覚がしたのです。そして第1章へと続きます。

※コツ⬇頭で考えたシナリオですが、身体や感情の感覚がどう変化するかで決めること！思考ではなく、感覚で選ぶ（ギュっと小さく固まるor緩まり大きく広がる）。

4つのシナリオ　ワークシート

極端かつ現実的に、自由にイメージをふくらませてみよう！
2つの最高のシナリオをイメージして、感覚を感じてみる
※その際、どっちが得とか損とかの思考は挟まないこと。
選んだシナリオは自分にしかわからない形でもいいので、
視界に入るところに書いておこう！

人と約束するのも効果があるので、
ライン＠に送ってくれてもOK！
お尻叩いたりしないので、気楽に送ってください→

① [　　　　　　　　　　] 最高のシナリオ

② [　　　　　　　　　　] 最低のシナリオ

キャンセル！パチンっ

③ [　　　　　　　　　　] 最高のシナリオ

④ [　　　　　　　　　　] 最低のシナリオ

キャンセル！パチンっ

手に入れたい思考や感情を選ぶ

浮気で傷ついたとき、同じように苦しむ人の存在は「1人じゃない」と思えるので救いになります。ですが、ずっとそこに居座る人たちの存在に疑問を持ちませんか？

浮気を批判し続ける限り、必ず誰かを批判することになる。
浮気してる人や浮気相手になる人と出会うたびに、嫌な感情になってしまう。

浮気や不倫を、何とも思わないようになるのが最強だと思ったのです。だって嫌な気分になるのはこっちだけなんですから、アホらしいですよね。
最初は自分を癒すことを目標にし、ある程度悲しみに酔いしれて飽きてきたら、斜め上を見上げて前進することをお勧めします。その時、手に入れたい思考や感情は必ずしっかりと選んでください。ひ弱に前進してる時、まだまだ【悲しみ、嫉妬、怒り】にアクセスしやすいことを自覚しておくのです。その上でアクセスしたい【喜び、愛、感謝】などの感情、自分が幸せに感じる「思考」を自分で選ぶのです。私なら今井美樹マインドです

（笑）。

心配を続けたい人は、心配になる「情報」を入れ続けます。悲しみに打ちひしがれたい人は、悲しくなる「情報」を取り入れます。人より幸せだと優越感を感じたい人は、不幸な人を探し続けます。疑いの中で生きたい人は、疑い続けて生きるのです。

その結果、自分の「願い」を叶えている！

ショーゲキじゃないですか？　浮気されることなんて望んだことない！　って思いました。つまり起きる出来事はコントロールできないのです。でも、起きる出来事をどのように受け取るかは自分で選べるのです。

浮気されたことを嘆き悲しみ続けたい？　私は絶対にイヤです。自分にとっての本当の幸せはなんなのか？　自分はどうしたいのか？　どうすると幸せなのか？　今が幸せでないのなら、それは「何かを変えた方がいい」というヒントなのです。

私は時間をかけて「被害者意識」を手放しましたが、浮気されなければ手放せなかったほど、小さなときからしっかりと「罪悪感」とともに握りしめてきた意識でした。手放すと愛の状態になるのですが、手放すには愛を知ることが助けになりました。

◎意識したものが拡大するのです。だから感情も情報も意識して選びましょう。

――いーちゃんコラム――

こんな時にめちゃくちゃお勧めの本があります。

▼『〈新版〉すべては「前向き質問」でうまくいく』（マリリー・G・アダムス著　ディスカヴァー・トゥエンティワン）

産後、職場復帰した私に旦那が面白いよとくれた本ですが、58―59ページの図がとてもわかりやすく、この不幸な場所（被害者）に居続けたくはないと思うきっかけになりました。

人生をやり直したいと思う入院中にたまたま読んでいた奇跡の2冊がこちら。

▼『アミ 3度めの約束　愛はすべてをこえて』（エンリケ・バリオス著　徳間文庫）

▼『世界最強の商人』（オグ・マンディーノ著　角川文庫）

ちょうどアミシリーズ3冊目を読んでる途中での入院でした。入院直前に「人生を変えた1冊は何？」と旦那に聞いて、『世界最強の商人』を貸してもらっていたのです。すべてを失ったタイミングで、この愛の本たちを読んでいたのはとてもラッキーでした。もし気が向いたら読まれることをお勧めします。

仕返しはしなくていい！

死ぬ瞬間に今までの自分の人生を走馬灯のように見るらしいのは有名なお話です。怪しい話に聞こえそうですが、そのときに自分が傷つけた人たちの痛みもすべて味わうことになるんですって。

つまりね、私たちサレ妻としてもがき苦しんだ感覚は、旦那さんは死ぬ瞬間味わうことが決定しているってことなんです！（パチパチパチパチ）浮気相手になり妻側に嫌がらせした人も、すべてを味わうことになるらしいのです！

だから、どんなに辛い思いをしても、仕返しはしなくてもいいのです。仕返しをして苦しみを与えてしまったら、その苦しみを今度は自分が味わうことになる。

これを信じた私は、仕返しを考えることをやめました。それはもう、凄まじい仕返しの数々を想像してきましたよ。ここでは書けないほど、自分の執念の恐ろしさにめちゃくちゃ驚きましたもん。ほんとに（笑）。

だけど、仕返しはしなくてもいいのです。人を傷つけた人は、必ず同じ苦しみを味わいます。唯一できる仕返しは、あなたが最高に幸せになることです！「あなたの浮気のおか

げで幸せになれた」と言ってやるのです。↑負けず嫌い

私は今、旦那の浮気は彼の顔に付いた「ハナクソ」だと捉えています。付いているとギョッとするし、目に付くし、汚いし、見たくないし。でも指摘すると傷つけるかもしれないし言いにくいし、嫌な思いさせちゃうかもしれない。だからデコピンするみたいに、そっとどさくさに紛れて飛ばしてあげるんです（笑）。

自分が幸せに近づいてきたら不思議なもので、死ぬ瞬間にあの苦しみを味わう彼がなんだか可哀想に感じてきます。人を思いやる心と余裕が戻ってくるのです。すると「あなたがいてくれて良かった」と思うことで、彼が徳を積み、ほんのちょっとでも苦しみが和らぐようにと願い始めるのです。

ここまできたら、私の幸せは彼には揺るがせられない次元です。それにね、ここまで愛し切ると心も身体もとても軽やかになるんです。

◎仕返しは、最高に幸せになること。愛は傷つかない！

本音を伝える練習をする

「わたしは女優」と自分に嘘をつきすぎて話せなくなっていったときに、とにかく本音を伝える練習から始めました。本音を伝えることは、2人の関係が変化していくには必要なこと。小さなことから思ったことを伝える練習をスタートしてみてください。いつもなら飲み込む言葉も、あえて言ってみようかなと思うことも変化の第一歩！

何が食べたい、どこに行きたい、何がしたい、何がしたくない。言葉を失ったあとにはこんな自分の本音を探すことがリハビリでした。

練習中のある日、「根本的に性格が合わない」とこちらが傷つくような言葉をまた吐いてきた旦那。（気分ワルっ！）と思った瞬間、「早く離婚した方がいいですね」とポロっと言ってしまいました。それは娘の誕生日旅行で香港へ行ってるときのこと。

口から出た自分の言葉にびっくりしました。バカバカ！　本音じゃないやんか！「早く離婚したほうがいいですね」だなんて真逆・・・なのか本音なのか（笑）。

「すべては成功と学びしかない」のなら、この売り言葉に買い言葉の失敗から学べることは何なのか？　冷静に探してみると、「イヤな気分になった」ということでした。

イヤな言葉を発すると自分の気分が悪くなる。きっと相手も気分が悪くなる。言ってスッキリすることなんてその一瞬だけで、マイナスしか残らないと気づいたのです。

こうした自分の失敗を許せるようになると、他人の失敗も許せるようになりました。旦那の暴言ももしかしたら心からの言葉ではないかもしれないし、もしかしたら彼も本音を伝える練習中なのかもしれないってね（笑）。

〈本音を伝えるコツ〉

相手への不満ではなく、「自分の好きなこと」「イヤなこと」など自分の感じた本音の部分だけを伝える。

例えば「わたしはどうしても浮気されるのはイヤだ」と伝えるだけ。「だから止めて」、は言わない。あとは相手が決めることだから。どんなにイヤでも相手をコントロールは出来ないの。

◎本音だからと言って、感情的に相手を否定・批判するのはやめとこう。

嫉妬は自分を知るチャンス！（嫉妬の対処法）

嫉妬を感じたとき「これは私の本当の周波数ではない！」と口に出して、愛の状態に近付こうとするだけで気分を変えられるようになりました（慣れたともいう）。ついでに、「彼と私は愛で繋がってる」とイメージすると毎回なんとなく良い流れになります。

嫉妬という感情は大嫌いです。羨ましいなと思うことがあれば、自分もそうすればいいと信じて生きてきました。出来ないことは、相手の幸福や幸運を祝福するだけだと信じてきたのです。それが、浮気でめちゃくちゃ嫉妬に苦しみました。

確かに、旦那と他の女性のことは私にはどうすることも出来ません。別の人に恋愛感情を持ってしまうことや、肉体関係を持つことは私の影響の外なのです。（話し合って辞めてくれる旦那さんや謝ってくれる旦那さんの場合、本当にラッキーです。マジで羨ましい!!）

そこで提案です！　嫉妬を感じた時、「なぜ嫉妬を感じるのか？」自分を知るためのきっかけにしてはどうですか？

〈例えばこんなとき〉

・こんな下着いつの間に買ったの？
・その映画は誰とみたの？
・香水の匂いしてる！

▼なんで嫌な感情になってるのか？

自分の中にどんな信念があるのか？ を掘り下げて行きます。

私だって一緒に遊びたい！ 映画見たい！ 秘密はイヤ！ 私の夫を取らないで！ 他の女にカッコつけないで！ 浮気相手は良いとこ取りだけしてズルい！ など。

嫉妬とは彼を失う、もしくは自分のポジションを失う「恐れ」から生まれるものでした。

そもそも、人を所有することは出来ないのにね。ズルい！ と思ったことで、私も「妻として」良いとこ取りをしようと決めました（笑）。

▼それは真実か？

自分の感情を感じ切ったあと【主観】、相手にはどう見えてるかを考えてみる【客観】。

次に、第三者的に全体の出来事を見てみます【俯瞰】。すると、大体自分の勝手な思い込みだと気がつくのです（笑）。
たとえば…
【主観】**私の目線**
女と連泊して下着買ったんだ！　女と映画デートしたに決まってる！　よく女と会った足で家に帰って来れるわね！
【客観】**旦那の目線（想像してみよう）**
せっかく帰宅したのにまた機嫌悪い。やっぱり帰宅したくない。仕事して帰ってきただけなのに浮気疑われるなら本当に浮気すれば良かった。誰か連絡してみよっかなー。
【俯瞰】**全体を見渡す**
旦那が久しぶりに帰宅。下着を新調。香水の残り香がある。私の機嫌が悪くなり空気が重い。
旦那が帰宅した。ただそれだけ。
【行動を決める】**どんな行動をとるか考えて一歩を踏み出す計画を練る。**

すべては自分が上機嫌になるように！　カラオケ、外食、レンタルビデオの提案とかね。
相手を否定しないように本音を伝える練習もあり。

ただし！！！　旦那が浮気してるんだから、疑って当たり前です。そこ、覚えておいてね！　うちの旦那のように、こちらがブチ切れるとより最悪になる（底意地の悪い）男でなければ、感情をぶつけるのが一番良いです。

被害妄想が酷すぎる、精神異常だ、と言われ続けメンタルクリニックに通った際に、「夜に何度かけても電話に出ないとき、浮気してるんだと思ってしまいます」と話すと、「それは妄想ではなく、真っ当な想像です」とお医者さんが言ってくれたのです！　洗脳から解かれた気分でした（笑）。

疑われる行動をしてるのは、そもそも旦那なのです。疑いを持つのは、被害妄想ではなく「真っ当な想像力」がある証拠です。浮気することを隠しきれない相手の問題です。

◎嫉妬したら、感情コントロールの練習をしてみる。自分が上機嫌になれる行動をする。

愛し切る覚悟と、離婚する覚悟を同時に持つ

結婚って不思議なのですが、何があっても愛し切る覚悟といざとなったら離婚する覚悟と2つの覚悟を同時に持ってることが望ましい。

彼を愛し切る覚悟で、なおかつ幸せは自分次第だと自分を大切にしていくと、「やっぱりちゃんと愛されたい」という想いに気がついてしまいました。できれば一生気がつきたくなかったほどショックでした。だって怖いんだもの。

第3章のように、何を言われても「愛してる」と言える状態にようやくなっていたときです。やっと幸せ真っただ中。これで満足だと信じて疑いたくないじゃないですか。ここから動きたくない。なのに、「愛し、愛されたい」と心の奥底にしまい込んだ願いが顔を出してしまったのです。

「私はあなたを愛してますよ。あなたはどう？」

満を持して送ったメールは、既読スルーでした。嘘でも「愛してる」と言ってくれたら、一生愛し続ける覚悟はあったのです。よく、ここまでこれた。幸福を噛み締めながら「離婚しよっか！」と提案しました。

「感情に任せてメッセージしてるだけか。離婚しても何も変わらないと思うけど」と今度はすぐに返事が来ました。続けて、いつもと変わらない蔑む返事が届きました。

「離婚の決意など、現状を変えるのはどうせ出来ない。死ぬほど貧乏とか切羽詰まらないと行動出来ない。よそで子供ができたら離婚を考えてあげる」

そして、「最初の質問の答えは、1ミリも愛していない」

離婚を切り出すと毎回この揺さぶりを受けてきました。その度に悲しくて悔しくて涙が溢れ、愛してるからこそ胸が苦しくなり、まだ愛し切れてないから苦しいことに気付く。まだ学びが残ってることを認めて、もう一度彼との関係に向き合ってきたのです。

それが、今回は違いました。感情が揺さぶられないどころか、離婚を決めた瞬間にブワッと愛が溢れたのです。「今までありがとう」という暖かい気持ちが広がったのです。もう、こんな扱いは受けなくていい!! わーい!! それでも彼を愛してると思える!! 最高に幸せ!!

離婚後の条件も簡単に決まり離婚にお互い合意したことで、脳内離婚が成立しました。「認印を捺して、明日にでも出していいよ」と旦那。「その投げやり感めちゃイヤや！最高にステキな離婚しかしたくない！」と私。「そんな離婚あるか？」という彼に、「あるわ!!」と即答。あとは、最高にステキな離婚のタイミングのみ！ そこから私を蔑む言葉はなくなりました。

そして1か月後の2人が出会った記念日に、彼は娘と私へのプレゼントを持って帰宅。そう来たか！　と不意を突かれた私は「夫婦のユーモア」を発動させ、お互い離婚の話題は一切出さずに楽しく家族の時間を過ごしました。私と娘からは遅めの「父の日のプレゼント」を渡し、無表情ながら喜んでくれてるのを感じました。

このひと月で、脳内離婚を知らないはずの4歳の娘には変化がありました。1日に3回も4回もおもらしをするようになっていたのです。おもらしくらい良いよーって対応していましたが、ある日公園からの帰り道に「ママといるとしんどいときがある、◯ちゃんは悪い子だからいない方がいい」と言われ衝撃が走りました。パパだけでなく娘まで私と一緒にいるのがしんどいなら、私の問題だ。ガーン！

4歳の娘に、「良い子でも悪い子でもママは大好きなこと、どうしてもしんどければいなくなるのはママだから安心して欲しいこと、娘には居場所はたくさんあること、誰といてもしんどくなる時はあること」をゆっくり心を込めて伝えました。良い子でいなきゃと思わせてしまったことに猛省です。

脳内離婚をしても愛し続けられると思ったはずのパパへの愛は、どんどん薄まっていきました。愛の状態どころか、娘に変化が出るほど心は愛から離れていたのです。この状態では、最高にステキな離婚は出来ない。旦那に正直に娘の状態を話し、私の状態を伝え、「どちらでもいいのなら、結婚継続しましょう！」と伝えました。「何でもいいけど」の返事で、私の脳内離婚は終わりました。

娘のおもらしはピタッとなくなり、またいつもの喧嘩をしあう仲良し親子に戻りました。何よりも、2人で眠る朝と夜の幸福感が戻ってきました。「娘とママと、ときどきパパ」が私たちにはちょうど良いのです。

早まって離婚届に手を出さなくて本当に良かったです。

◎離婚の体験を味わえる脳内離婚、オススメ（ユーモアのある相手限定！）です。

絶望を感じる前に行動して

暴力は受けてないし子供もいるし……などと考えて行動出来ないかもしれません。ついつい結婚を大切にしなきゃと思ったり、離婚したら生きていけない、と思い込んでいたりします。私もそうでした。

「それは旦那さんのモラハラ、と言うこともできますよ」こんな風に子ども家庭センターで言われるまで、実は気がつきませんでした。苦しいとき、判断力がなくなり動けなくなってしまいます。不幸に慣れると不幸に気付かなくなります。だからこそ動けるうちに動いて欲しいのです。

公共の『男女共同参画センター』『配偶者暴力相談支援センター』など各地にあります。DV被害ではなくて精神的苦痛でも相談に乗ってくれます。今後どうしていきたいかを一緒に考えてくれるのです。

①『男女共同参画センター』＋地名、で調べてみる。

②窓口に電話して予約をとり、人に話す＝放す→手放す、をしてください。

私はもう一度嫁をやってみようと決めていて、「居てくれて良かった」という思いをすでに沢山集めていたので、旦那のモラハラという扱いにはしたくありませんでした。ですが入院前の状態のとき、相談が出来ると知っていたら行きたかったです。

親との関係が悪い、専業主婦、逃げ場がない、と思ってる人ほど自分を追い詰めます。ダメ元で極限までやってみて、病気になる前に離婚しようと思っていたのに、実際は病気になる前に命を絶とうとしました。だからこそエネルギーがある間に、公共の逃げ場の連絡先だけでも調べて欲しいのです。しんどいときの子の預け先など、いろいろ教えてくれますよ。

あなたはきっと大丈夫。自分を幸せにしてあげよう。今の不幸に慣れないで！！

◎動ける間に情報収集をしておこう。

◎不幸に慣れるな！

——いーちゃんコラム——

「無責任な大丈夫を言わないで！」と思った方へ。

幸せな人や成功する人は、根拠のない自信を持っています。根拠のない自信が前を向かせます。まずは、その根拠のない「あなたは大丈夫」を「ありがとう」と言って受け取る練習から始めてみませんか？　何かを変えたくてこの本を読んでる時点で、あなたは大丈夫と私は本気で確信しています。

エピローグ

旦那さんを愛し抜くことでカルマを解消すると決めました。そのときにワクワクを感じたことが、このストーリーの始まりでした。来世でもう二度と出会わないからこそ、一緒に居られる間に学び、失敗することを受け入れました。

当初「女遊びが生きがい」とまで言った彼がとても正直に感じて、その生きがいをやめさせるのは可哀想だと思っちゃったのです。イヤなら離れればいいだけのことだもの。

本当なら結婚する前や子を作る前に言って欲しいところですが、これさえも私たちの魂の約束事だったのかもしれません。そう解釈するとすべてに納得できるのです。まだ入籍もしておらず、流産しやすい体質で高齢出産、これを逃すと出産はできない状況で、私はどうしても産みたかったのです。この環境でなければ、自分に甘い私は母親になれなかったと思います。

魂レベルで信頼しているからこそ、この悪役をお願いしたとしたら？　すべてが乗り越えられるはずだと確信しました。苦しむことも想定外にたっくさんありましたが、表現を前向きに工夫すれば、喜怒哀楽を極限まで楽しみ、退屈から抜け出すことが出来ました。

頑張らなくていいって意味も、今ならよくわかります。私は頑張っていたのではなく、「カルマの解消に向かって愉しんでいた」のです。私を含むすべての人に、無駄な努力をしてるように見えたのではないでしょうか。「そんなに頑張らなくても、なんでそこまでするの、しんどそう」と。目的地に辿り着くまでに遭遇する感情と体験を、味わい尽くし愉しんでいただけなのです。

精神病棟に入院したときは、正直もう終わったと思いました（笑）。「精神病棟に入院した」という人生最大のトップシークレットを作ってしまったのですから。「一度でも心療内科にかかれば精神異常のレッテルを貼られる」と言われて育ったんですもの。まるで呪いです（笑）お母さん、ごめん！　まさかそのおかげで本を出したいと思うなんて、誰も思わないですよね！

呪いは自分で解くことができるってことがわかりました。

【自分を苦しめる思い込みに気がつき手放す。新たな観念を信じて、行動する。】

人生って、この繰り返しでした。人生エンターテインメント。愉しんでると、魂が癒されてどんどん自由に豊かになっていく！

一度きりの人生。だったら何を経験したい？　どんな感情やどんな役を選ぶ？

イメージにはすごい力があります。だからこそ、望んだ未来を忘れないことが大切です。あなたにとっては、ありえない、絶対やりたくないと思うことも本書にはあったかもしれません。自分の方が不幸だと思われた方もいるかもしれません。不幸対決をするつもりはないのです。

「自分を解放していこう」「きっと私は幸せを見つけ出す」

そう信じて自分の応援をしてきました。これで、私の経験した失敗を、あなたは体験する必要はありません。

どうか批判するところを探し出すのではなく、ご自身の人生に役立てる部分を探してください。反面教師としてお役に立てれば本望です。

あなたの幸せの答えはあなたの中にある。

あなたに、愛と希望の光が灯りますように。

あとがき

『渦婚』を読んでいただき、どうもありがとうございました。

２０１６年から始めた自己満ブログをきっかけに、こうして1冊の本を出版させていただくことになるなんて……すべては出会うことのできたみなさん一人ひとりのおかげです。この場をお借りして、改めて御礼申し上げます。

この本を書きながら自分自身と向き合い葛藤し涙し、癒され、学び、挑戦するを繰り返してきました。その結果、一番癒されたのはわたし自身となりました（笑）

途中、旦那さんと大きな衝突があったときには、一言も言葉を紡ぐことは出来なくなりました。人間関係の中でも特に家族がどれほど大きな影響力を持つかを思い知りました。親のこと、旦那さんとのことはとことん向き合いましたがそれでもどうしても書き進められず、最後はまさかの姉弟への愛がどれほど深いかを思い出した瞬間から原稿が書けるようになりました。心とは、本当に奥が深いです。

本を書いてみてわかったことは、思いついたことをやってみる人生はとても面白いということ。わがままとか自分勝手とか、他人の迷惑を考えないとか、そういうのはもちろん自分の中の良心と対話したうえで。

すでに余生の身、失うものなどありません。自暴自棄とは全く違い、自分を最上級に大切にして感情の冒険をしています。思いついたワクワクすることを1つずつやっていますが、大変な目に合うどころか想定外の素敵な感情や体験を味わえています。逆にどん底を体験したことで、ずっと探し続けていた使命のような志が芽生えました。人生って本当に面白いものですね。

最後に、出版という大きなチャンスをくださったみらいパブリッシングの皆様、なかなか書けない私をじっと待ってくださった担当の小根山友紀子さん、小さい子供を育てるように私を受容しコーチのように共に走り、わちゃわちゃな頭の中を一緒に整理してくれた友人の久保田真由美さん、気がつけば気持ちよく応援してくれていたわたしの大好きな家族、存在がたまらなく愛おしい娘、そして誰よりも私を信じ揺さぶってくれた面白い旦那さんに心から感謝を述べたいと思います。


私に関わるすべての人たちへ　愛を込めて…

自分解放応援団☆黒木いづみ

旦那によるあとがき

この最低最悪の旦那はどこで何をしてどう考えているのか？　僕が一般的な本書の一読者であればそう考えてモヤモヤするに違いない。そこで僕は本書への寄稿を申し出ました。

僕は妻と幼い娘をほったらかしにして、日本を離れ海外に住んでいます。主にアジアを拠点にしていますが、1か月間ヨーロッパを旅したり、気が向けば日本に帰ってきたりもします。パソコンを使った仕事が多いですが、色々なことをしていて、これといった肩書きがあるわけでもなく職業を聞かれるといつも困ります。僕が海外で遺体で発見された場合、「住所不定無職の邦人男性が……」と報道されることでしょう。

そんなわけのわからない男と妻はよく結婚したものだと思います。逆に僕が彼女に興味を持ったのは、彼女が『今世で上がりそうな気がしたから』です。オカルトやスピリチュアルの類はどちらかというと苦手で、輪廻転生をとりわけ信じているわけではありません。ただ、結婚当初友達に彼女を選んだ理由を聞かれた場合によくそのように答えていました。彼女はもうこの世に生まれ変わってこないような気がしたのです。そんな僕の直感はどうやらあながち間違っていなかったのではと思います。生まれ変わったらゴキブリにでもなりそうな僕の下劣な行動の数々に彼女は、嘆き、悲しみ、もがき、苦しみ、小さな喜びを大きな希望に変えて、まるで修行僧のような結婚生活を送ります。今世で課せられた課題を次々とこなしていくように。そしてついにはさとりでも開いたかのような境地に達します。

本書はそんな彼女の成長過程が、残酷なまでの感情描写と成長に至るハウツーと共に記されています。そのため本書は旦那の浮気に悩む女性はもちろん、人生の苦難にぶち当たった多くの人の役に立つのではないかと思います。

現代日本社会において浮気は悪です。しかも極悪、絶対的な凶悪です。有名女性タレントの浮気が発覚した際にはまるで国家転覆を目論むテロが発覚したかのごとく、日本中が大騒ぎしてその女性タレントを袋叩きにしました。本書において妻も浮気はなぜ悪なのかに触れています。しかし僕は悪だと考えていません。どちらかと言われれば善だと考えます。

現代日本社会において、とあえて前置きしたのは、今の日本でそうした善悪を決定しているのが主に社会だからです。浮気はもちろんのこと、アンパンチは暴力的表現だと問題視され、寄付や募金も偽善的だと批判される。スマホという監視カメラを手にした1億人があれもこれも悪だとSNSを通じて社会に告発します。現代日本人はそんな監視カメラだらけの檻の中で少し息苦しさを覚えながら生活しているのではないでしょうか。

僕は浮気が善だと主張したいわけではありません。人生を檻の中で監視カメラとして終えるのは勿体無いのではないかと思うのです。檻から抜け出してみたり、押し付けられた善悪を疑ってみたり、思考の上で創り出した善を監視カメラの前で堂々と貫いてみたり。善悪は本来社会に押し付けられるものではなく、個々人が体験し、学び、考え創り出すものでしょう。そして信念を形作り生きる道を歩んでいく。そんなことをしてこそ人は成長して生や喜びを感じるのではないかと思います。

妻はもがき苦しみ浮気について考え、その上で浮気に対する独自の考えを持つに至りました。そしてただそれを批判するだけではなく、それと向き合い成長の糧にしました。社会の檻の中にある結婚というさらに小さな檻に縛られることなく羽ばたいています。その様子を見れば同じように檻からはばたく人も出てくるに違いないと思います。

本書が息苦しさを感じている1人でも多くの人に役立つことを願って。

２０１９年８月某日
旦那

黒木いづみ

1977年生まれ、大阪府出身。
2014年に結婚するも夫の浮気とモラハラに苦しむ。浮気で苦しまない生き方を目指し、物の見方を変えていく。自分と同じ経験で苦しむ人を減らしたい想いからLINE@で無料相談を始める。相談の中で、浮気の乗り越え方をもっと知りたいと強い要望があり出版を決意。

ブログ　旦那の浮気でパラダイムシフト♡自分解放応援団☆いーちゃん

https://ameblo.jp/earthian117/
サイトはこちらから→

渦婚《うずこん》

夫《おっと》の浮気《うわき》で、なぜ幸《しあわ》せになれたのか？

2019年10月24日　初版第1刷

著者／黒木《くろき》いづみ
発行人／松崎義行
発行／みらいパブリッシング
東京都杉並区高円寺南 4-26-12　福丸ビル6F　〒166-0003
TEL ／ 03-5913-8611　FAX ／ 03-5913-8011
企画／田中英子
編集／小根山友紀子　ブックデザイン／堀川さゆり
表紙イラスト／草成
本文イラスト／北山美里
発売 ／星雲社
東京都文京区水道 1-3-30 〒 112-0005
TEL ／ 03-3868-3275　FAX ／ 03-3868-6588
印刷・製本／株式会社上野印刷所
©Izumi Kuroki 2019 Printed in Japan
ISBN978-4-434-26680-5 C0095